アトリエうかいのクッキー

クッキーの楽しみ

　幼い頃、近所の駄菓子屋に行き、限られたおこづかいのなかで、どのお菓子を買おうか悩んでいる時間も楽しみのうちでした。菓子の世界に入ってからは、「どれから食べようか迷ってしまうほど魅力のある、楽しいクッキーを作りたい」とずっと考えてきたように思います。

　実際にひとつひとつのクッキーを形にするために、ロジックやテクニックは必要なものです。
　しかし、何よりも大切なことは、食べてもらいたい、喜ばせたいと思うこと。そんな誰かのために、思いを寄り添わせながら作ることだと思います。

　本書では、アトリエうかいのさまざまなクッキーを紹介しています。
　クッキーを作るのが初めてという方には、最初に紹介している「砂のようにほどけるメープルクッキー」からチャレンジしてみることをおすすめします。材料もシンプル、ボウルひとつで本当に手軽に作ることができます。喜ばせたい大切な方と、ぜひ焼きたてをお召し上がりいただき、みなさんにクッキーの楽しさ、おいしさを感じていただけたら幸せに思います。

　「うかいのアトリエから焼きたてのお菓子たちをお届けします。
　お口にすると幸せな気持ちになれる、
　記憶に届く・心に響くお菓子作りをしていきます。」

　アトリエうかいのクッキーに込めたメッセージです。
　みなさんに少しでもお伝えできれば幸いです。

　　　　　　　　　　　　　　　　　　　　　　　　　　　　　鈴木滋夫

アトリエうかいのクッキー

　アトリエうかいのクッキーは、レストラン「うかい亭」のプティフールから生まれました。コースの最後に「お好きなだけどうぞ」とワゴンスタイルでお出ししているクッキーやマカロン、フィナンシェなどの小菓子。うかい亭のメインディッシュはステーキなので、プティフールは「より軽く」がテーマです。おなかがいっぱいでもつい2つ、3つと手がのびるような食べやすいサイズ、軽やかな食感や口どけ、味も形もインパクトがあるものを……と何度もサイズを調整したり、粉の量をぎりぎりまで減らしてサッとほどける口どけに挑戦するなどの試行錯誤を重ねるうちに、現在の形ができ上がってきました。

　これらが評判になり、「家でも食べたい」という声が増えたこともあって、パティスリー「アトリエうかい」をオープンしたのが2013年のこと。その看板商品に掲げたのが、この本で「定番のクッキー」として紹介しているクッキーの数々を缶に詰め合わせた「フールセック」です。

　「うかいの余韻をご家庭へ」をコンセプトに、いかに魅力的な内容にするか。私の頭にあったのは"おせち"でした。箱に色とりどりの料理がぎっしり、美しく盛り付けられていて、ふたを開けたとたん思わず歓声があがる――そんな印象になるよう、缶の中の仕切りや詰め方を研究。仕切りの大きさを一律にしないことで菓子の大きさに変化をつけたり、数種類のクッキーを"ふきよせ"のようにランダムに詰め合わせたりすることで、味はもちろん、形や色合いなど、目でも楽しんでいただける詰め合わせが完成しました。

　一方、「うかい鳥山」「とうふ屋うかい」などの和食店のお客さまにも楽しんでもらえるものを、とはじめに取り組んだのが和の素材を使ったクッキーです。「定番のクッキー」がバターや卵のよさを前面に出しながら、ナッツやジャムなどの副素材を重ねることで完成度を高めていくとしたら、和のクッキーはきな粉、抹茶、ゴマ、柚子などの素材そのものの風味がストレートに伝わるよう、余分なものを引いていきます。和素材の持ち味を繊細に表現しようとすると、配合も作り方も自然とシンプルに。味や食感も比較的あっさりと仕上がるので、定番のクッキーよりも「こっちのほうが食べやすい」「煎茶に合う」と好まれる方もいらっしゃるようです。とはいえ、"和洋折衷"はうかいのよさでもあります。定番のクッキーだから、和のクッキーだからと区別せず、時に双方のよさを取り入れながら、広がりや奥行きのある味わいを作れたらと思っています。

　レストランの料理やデザートに着想を得たり、料理の手法を取り入れたクッキーも、アトリエうかいならではでしょう。たとえば「黒糖ほうじ茶サブレ」は、うかい亭で作っていた黒糖入りのほうじ茶アイスをヒントにしていますし、トリュフを使ったクラッカーやサブレは、レストランのトリュフメニューから発想したもの。この本でも紹介している「塩味のクッキー」には、野菜の使い方やスパイスの香りの引き出し方など、系列レストランの料理長たちから学んだことをふんだんに取り入れています。

　そもそも、塩味のクッキーは「お酒に合うものを」というレストランのお客さまの声を受けて作り始めたもの。それまで作ったことがないものでも、オーダーを受け、それに応えようとあれこれ模索するなかで、新しい表現やユニークなお菓子が生まれることも多く、レストランとのコラボレーションにはやりがいを感じています。私はよく「レストランのお客さまならどう感じるだろう」と考えるのですが、具体的なシーンをイメージすると「もっと軽く」「味にメリハリを」など方向性を見出しやすい。こうしたことも、うかいらしい部分だと思います。

　なお、私たちはクッキーにおいても鮮度が大事だと考えています。工房ではタンプータンやジャンドゥージャはナッツを挽いて作り、ジャムも自家製しています。良質な素材を使い、できるだけフレッシュな状態でお客さまにお届けするように心がけています。

もくじ

3	クッキーの楽しみ
5	アトリエうかいのクッキー
8	作りはじめる前に

コラム

33	クッキーをもっと自由に
43	オリジナルの缶
87	型のはなし
99	サレの味作り

定番のクッキー

18	砂のようにほどけるメープルクッキー
20	皮付きアーモンドの ごろごろ入ったクッキー
23	花型のウィーン風クッキー 木イチゴのジャムサンド
26	シナモンクッキー 赤い実のジャムがけ
30	ゴマとアーモンドの キャラメルがけクッキー
34	香ばしいゴマのガレット
36	バニラたっぷりの三日月型クッキー
38	ヨーグルトとイチゴのほろほろクッキー
40	パッションジャムをのせた チョコレートクッキー
44	貝殻型の紅茶クッキー レモンジャム添え
46	ピスタチオのジャンドゥージャを 詰めたコルネ
50	クルミのクッキー クルミのジャンドゥージャサンド
52	ブランデー漬けレーズン入りビスコッティ
54	ココナッツ味のねじりパイ
56	ヘーゼルナッツと生姜のメレンゲ
58	イチゴのメレンゲ 青リンゴとミントのメレンゲ
62	メレンゲの絞り方

撮影　　大山裕平
デザイン　片岡修一（PULL/PUSH）
編集　　鍋倉由記子

和のクッキー

- 68 　黒糖ほうじ茶サブレ
　　　抹茶サブレ
- 70 　実山椒サブレ
　　　柚子サブレ
- 72 　小豆とうぐいす豆と松の実の
　　　ざくざくクッキー
- 74 　ゴマのほろほろクッキー
- 76 　柚子ジャムをのせた白けしのクッキー
- 78 　紫いもとリンゴの市松クッキー
- 80 　きな粉のクッキー
- 82 　抹茶ときな粉の二層クッキー
- 83 　イチゴときな粉の二層クッキー
- 88 　木イチゴまぶしクッキー

塩味のクッキー

- 94 　塩味のあるチーズクッキー
- 96 　スパイシーカレーサブレ
　　　香ばしいタマネギとサラワクペッパーのサブレ
- 100 　黒ゴマ七味・山椒のチーズサブレ
- 101 　山葵のチーズサブレ
- 102 　ベーコンポテトのサブレ
- 104 　にんじんクラッカー
　　　枝豆クラッカー
- 107 　トマトのメレンゲ
- 110 　のり塩メレンゲ
- 112 　オリーブのロールパイ
- 114 　ゴボウ糖衣がけアーモンド
- 116 　トリュフのクラッカー
　　　トリュフとマッシュポテトのサブレ

副素材とデコレーション

- 120 　ジャム
- 122 　ジャンドゥージャ
- 124 　デコレーション用パウダー
- 126 　アイシング
- 128 　チョコレートのデコレーション
　　　ウィーン風バレンタインクッキー
　　　自家製ジャンドゥージャ

---

* バターは無塩バターを使用。生クリームの乳脂肪は47％です。
* 全粉糖はコーンスターチやオリゴ糖を含まない粉糖のことです。デコレーション用には専用の粉糖を使います。
* フルール・ド・セルはフランス・ブルターニュ産の海塩です。
* ベーキングパウダーはアルミニウムフリーのものを使用します。
* ベーキングパウダーや重曹、スパイス、エッセンス、ピュレなど、少量でもでき上がりに影響する材料は、一部0.5g単位で表記しています。0.5g単位で計量できるはかりがあると便利です。

* 大さじ1は15cc、小さじ1は5ccです。
* 色粉の計量には1/10スプーン（1杯0.1cc）を使用しています。
* 本書では、卓上ミキサーで生地を作る例を多く紹介しています。ビーターは混ぜる時に、ホイッパーは泡立てる時に使う羽根を指します。
* 材料表のでき上がり個数は目安の量です。
* その他、基本材料や作り方については、p8「作りはじめる前に」を参照してください。

作りはじめる前に

本書における材料や作り方のポイントをピックアップしました。
クッキーを作る前に、一度目を通してください。

バター

材料にあるバターは、すべて無塩バターを使います。
バターは生地のタイプに合わせて、以下のように準備します。

バターと砂糖を先に混ぜる生地（シュガーバッター法）の場合は、あらかじめバターを室温においてやわらかくしておきます。早くやわらかくしたい時は、電子レンジの解凍モードにかけてもOKですが、液状に溶かすのは禁物。左の写真のようにやわらかいクリーム状にしたところに砂糖を加え、白っぽくふんわりするまでよく混ぜていきます。

バターと粉を先に混ぜる生地（フラワーバッター法）の場合は、バターを角切りにして冷凍庫で充分に冷やしておきます。固く冷えた状態にしておくことで、粉と一緒にフードプロセッサー（フードカッター）で粉砕した時にサラサラの状態になり、全体にバターが行き渡ります。機械の熱でバターが溶けないように注意し、温度が上がらないよう粉も充分に冷やしておきます。

塩・スパイス

塩は旨みのあるフルール・ド・セルを使用。
塩もスパイスも細かく挽いて使います。

この本では「フルール・ド・セル」というフランス・ブルターニュ産の海塩を使っています。理由は、塩気の中に甘みや旨みがあり、味わいに奥行きが出るから。ただし粒子が粗く、生地に混ざりづらいので、ミルでできるだけ細かく挽いてから使います。フルール・ド・セル以外の好みの塩を使ってもかまいません。

スパイスや乾燥ハーブも、生地に混ぜる時にはミルで挽いて細かい粉末にします。生地になじみづらいので、早い段階から加えて生地全体に行き渡らせ、味にムラが出るのを防ぎます。

砂糖

クッキーに合わせて砂糖を使い分けます。
メレンゲにはトレハロースが欠かせません。

トレハロースが溶け残っていると、食べた時にざらざら感が出ます。ピュレなどと一緒に加熱して完全に溶かすことが大事。

クッキーにはおもにグラニュー糖と粉糖を使いますが、和のクッキーの章では、クッキーの味わいに合わせて和三盆、きび砂糖、黒糖も使っています。たとえば、きな粉のクッキー（p80）ではきな粉と相性のよいおだやかな甘みのきび砂糖を、抹茶サブレ（p68）やゴマのほろほろクッキー（p74）ではコクのある和三盆を、というように主役の素材に合わせて使い分けます。

トレハロースはアトリエうかいのメレンゲに欠かせない甘味料です。卵白でしっかりしたメレンゲを作るには砂糖の働きが不可欠ですが、グラニュー糖だけだと甘みが強すぎて、メレンゲに持たせたいフルーツや野菜などの味を邪魔しかねません。グラニュー糖の大半を「感じる甘みがグラニュー糖の4割」と言われるトレハロースに置き換えることで、メレンゲの甘さを抑え、主役となる素材の味をぐっと引き立てます。

乾燥卵白

フルーツ味のメレンゲには乾燥卵白を使用。
気泡が安定し、軽い食感に仕上がります。

乾燥卵白もメレンゲ作りに欠かせない材料です。フルーツなど主役の味を鮮やかに表現するには、乾燥卵白を液状にもどす時の水分をフルーツのピュレに置き換える、つまりイチゴ味のメレンゲならば、イチゴのピュレで乾燥卵白をもどした「イチゴ味の卵白」を作ることがポイント。乾燥卵白で作るメレンゲは気泡の安定力も強いので、食感はより軽やかになります。なお、乾燥卵白はダマになりやすく、溶けづらいので、メレンゲを泡立てる前にスティックミキサーで卵白を液体にしっかり溶かしておくこと。本書では、乾燥卵白でもより気泡性の高い「アルブミナ」を使っています。

乾燥卵白はダマになりやすいので、充分になめらかになるまでスティックミキサーにかけます。

粉類と膨張材

求める食感に応じて、複数の粉や膨張材を組み合わせて使います。合わせてふるい、粒子を揃えます。

粉類はすべて使う直前にふるいます。薄力粉、コーンスターチ、アーモンドパウダー、膨張材（ベーキングパウダーや重曹）など複数の粉類を一度に使う場合は、それぞれ粒子の細かさが違うので、ボウルに入れて泡立て器で全体を混ぜ合わせてからふるうか、2回ふるいにかけて粒子を揃えます。なお、粉糖や和三盆もダマになっている場合があるので、ふるってから使っています。

粉類はふるう前にボウルに入れて混ぜ合わせておきます。とくに膨張材はあらかじめ全体に行き渡らせることが大切。

粉類をあらかじめ混ぜない場合は、2回ふるう。

砂のようにほどけるメープルクッキー（p18）をはじめ、本書には薄力粉とコーンスターチを併用するレシピがいくつか出てきます。これは、薄力粉の一部をコーンスターチにすることでグルテンの量を抑え、口に入れたとたんサーッととけるような食感に仕上げるのが狙いです。

クッキーにベーキングパウダーを使うのは、ふんわり軽く、口どけをよくするため。一方、重曹がもたらすのはサクッとした歯切れのよさ。これらを一緒に使うことで、独特のしっとり、さっくりした食感が表現できるので、本書でも何度か登場します。なお、ベーキングパウダーはアルミニウムフリーのものを使っています。

● タンプータンを自家製する

タンプータンは、同量のナッツと砂糖を合わせて挽いたもの。作りたての風味は抜群。必要なぶんだけ作ります。ナッツの風味を生かすため、少し粒々感を残すようにして香りを立たせています。

クルミのタンプータン

1 皮付きのクルミを140℃のオーブンで15分ほどローストします。皮の苦みが出るので焼きすぎないこと。

2 グラニュー糖とざっと合わせてから、フードプロセッサーで粉末状に。クルミは油が出やすいので無理に細かくする必要はありません。

混ぜる

生地は「きれいに混ぜる」が基本。
ボウルやへらについた生地もていねいに混ぜ込みましょう。

本書のクッキーはどれも生地をていねいに、きれいに混ぜるのが基本。卵や生クリームなど水分の多い生地は分離しやすいので、材料を加えるたびによく混ぜて水分とバターの油分がつながった状態を保ちながら生地を作っていきます。クラッカーのように粉の割合が多い生地も、粉気がなくなるまできれいに混ぜ合わせます。とくに一度に大量に作る場合は、混ぜムラがないようにていねいに混ぜます。

混ざりムラをなくすために、ボウルの周りやビーター(羽根)についた生地は随時はらい落とし、生地に混ぜ込みます。ボウルの底もへらで返し、生地を均一にします。

● 生地別 混ぜ方のポイント

粉が多い生地

粉の割合が多い生地は、混ぜる際に「粉気が多少残ってもよい」と言われることもあるようですが、この本では基本的に粉気がなくなるまで混ぜます。

水分が多い生地

水分の多い生地は、粉類を加える前に油脂と水分をしっかり乳化させることが大事。ここで分離していると、粉と水分が直接結びついてガリッとした食感に。なめらかにつながった生地に仕上げることで、軽い食感につながります。

スパイスやベーコンが入る生地

スパイシーカレーサブレ(p96)のミックススパイスや、ベーコンポテトのサブレ(p102)のベーコンなど味の核をなすものは、薄力粉などの粉類を加える前に生地に混ぜて全体に行き渡らせておきます。粉類と同じタイミングで加えると、均一に混ざるまでに必要以上にグルテンを引き出すおそれがあるためです。

〜 成形する

打ち粉には強力粉を使います。
クッキーの大きさを揃える工夫も紹介します。

打ち粉には適量の強力粉を使います。生地をのばす時や型で抜く時には、打ち粉をして生地が台や型につくのを防ぎます。また、にんじんや枝豆のクラッカー（p104）のように、もともと粉の割合が多く、それ以上粉の使用量を増やしたくない場合は、右の写真のように、打ち粉をせずに生地をオーブンシートではさんでのばします。

生地を絞って成形する場合は、目安の大きさを書いた紙にオーブンシートをのせ、その目安に沿って絞ると形や大きさが揃いやすくなります。打ち粉をつけた型で天板にしるしをつけ、そこに絞ってもOKです。

〜 焼く

生地の持ち味を引き出すように、
少し低めの温度で、均一に焼き上げます。

この本では、コンベクションオーブンを使用しています。どのクッキーもダンパーを開けた状態で焼きます。コンベクション機能がない平釜タイプのオーブンや家庭用のオーブンで焼く場合は、設定温度を10〜20℃上げてください。

［メレンゲの焼成（80℃の設定ができないオーブンの場合）］100℃のオーブンで1時間焼いたら、メレンゲが色づかないようにオーブンペーパーをかぶせ、再び乾燥するまで焼く。

ギリギリまで焼いた香ばしさが好きな人、逆に白っぽく焼き上げるのを好む人……クッキーの焼き加減の好みは人それぞれです。アトリエうかいのクッキーは、粉の芯までしっかり火を通しつつも、焼きすぎないのが鉄則。必要以上に焼き色がつかないよう、低めの温度でじっくり、均一に火を入れていくイメージです。焼き切らないことで、バターのミルキーさやバニラの香り、スパイスの風味など、材料の持ち味を引き出すように意識しています。

焼きムラができないよう、どのクッキーも焼いている途中で一度取り出し、天板の前後を入れ替えます。

たとえば、皮付きアーモンドのごろごろ入ったクッキー（p20）の場合、周りと中が同じくらいにうっすらキツネ色に焼き上げるのが理想。香ばしさを前面に出さず、2種類のアーモンドの甘み、風味を表現します。

保存する

焼きたてを味わうため、食べるぶんだけ焼きます。
焼く前の生地を冷凍するのがおすすめの保存法です。

焼き菓子とはいえ、クッキーも鮮度が重要です。時間が経つにつれ、焼きたての風味や食感は確実に失われていきます。ベストなのは、数日中に食べるぶんだけを焼くこと。アトリエうかいでも、できるだけこまめに仕込みをして、常に焼きたてのクッキーが店頭に並ぶように調整しています。また、生地を多めに作ったら、焼く前の状態をビニールなどで密閉して冷凍し、食べるぶんだけをそのつど焼くのが理想。焼き上げたクッキーは、乾燥剤とともに密閉容器に入れて保存し、できるだけ早めに食べきります。

● 焼く前の生地を冷凍する

焼いたクッキーを保存するよりも、写真のように生地の状態で冷凍しておき、食べるぶんをそのつど取り出して成形し、焼いたほうがいっそうおいしく食べられます。

成形した生地を冷凍するのもおすすめの保存法です。作った生地を成形し終えたら、すぐに食べるぶんはオーブンに入れて焼き、残りは天板にのせたまま冷凍庫に入れて冷やし固めます。冷凍状態になれば形は崩れないので、保存用袋などに移してコンパクトに保存します。食べる時には、冷凍状態のまま天板に並べ、自然解凍してからオーブンへ。こうすれば、生地を作りすぎて余らせてしまう心配もありません。

定番のクッキー

「アトリエうかい」の定番クッキーです。フランスやドイツ、ウィーンの伝統的なクッキーの製法を大事にしながら、軽やかな食感、口どけ、食べやすい大きさを追求しました。サクサク、カリッ、ほろほろ。型で抜いたり、手で絞ったり、ジャムをぬったり……クッキーの楽しさと多様性を詰め込みました。

砂のようにほどける
メープルクッキー

メープル風味の中にほんのり塩気。
まるで和三盆のように口の中でほどける驚きの食感。

☞ p18

皮付きアーモンドの
ごろごろ入ったクッキー

マルコナとバレンシア、2種類の皮付きアーモンドを使用。
カリカリざくざく噛み締めるおいしさ。

☞ p20

花型のウィーン風クッキー
木イチゴのジャムサンド

花型の生地はさっくりやわらか、バニラの香り。
甘酸っぱい木イチゴのジャムと相性抜群。

☞ p23

シナモンクッキー
赤い実のジャムがけ

シナモンクッキーに赤い実のジャム、赤ワインのグラス。
ホットワインをイメージした大人の味。

☞ p26

ゴマとアーモンドの
キャラメルがけクッキー

タヒチ産バニラが香るキャラメルに
ナッツの香ばしさをプラスした、ひと口フロランタン。

☞ p30

香ばしいゴマのガレット

黒ゴマと白ゴマのタンプータンで作る香り豊かなガレット。
塩気が効いたクラシックな味わい。

☞ p34

バニラたっぷりの
三日月型クッキー

おなじみバニラキッフェル。クッキー生地にも
まぶしたシュガーにもたっぷりバニラを香らせて。

☞ p36

ヨーグルトとイチゴの
ほろほろクッキー

卵を使わない生地に、ヨーグルトとイチゴのパウダーを
まとわせて。ほろりとした食感が印象的。

☞ p38

パッションジャムをのせた
チョコレートクッキー

コクのあるチョコレートクッキーと
シャープな酸味のパッションジャム、大人の味の組み合わせ。

☞ p40

貝殻型の紅茶クッキー
レモンジャム添え

レモンティーから発想したクッキーとジャムの組み合わせ。
小粒ながらインパクトのある味。

☞ p44

ピスタチオの
ジャンドゥージャを詰めたコルネ

はらりと薄いシガレット生地の中は、
ピスタチオとチョコレートの濃厚なめらかクリーム。

☞ p46

クルミのクッキー
クルミのジャンドゥージャサンド

生地にも中のペーストにもクルミをふんだんに使用。
甘みとコクが口いっぱいに広がる。

☞ p50

ブランデー漬け
レーズン入りビスコッティ

ブランデー漬けレーズンがふんわり香る、
ビスキュイ生地で作る上品なフィンガークッキー。

☞ p52

ココナッツ味の
ねじりパイ

ココナッツファインをまぶしたパイ生地を
2回ねじってオーブンへ。香り豊かなサクリスタン。

☞ p54

ヘーゼルナッツと
生姜のメレンゲ

きざんだヘーゼルナッツの食感とショウガの香りが
印象的な、メレンゲ版ジンジャークッキー。

☞ p56

イチゴのメレンゲ
青リンゴとミントのメレンゲ

乾燥卵白とフルーツのピュレで作る
果実感あふれるメレンゲ。好みの大きさ、絞り方でどうぞ。

☞ p58

砂のようにほどける
メープルクッキー

口に入れたとたんにサーッとほどける、まるで和三盆のようなクッキー。
誰にでも喜ばれるバターとメープルシュガーの風味に、
フルール・ド・セルの塩気を効かせて味に奥行きをプラスしました。
材料をへらで混ぜるだけ。初めて作る人にもおすすめのクッキーです。

◉ 材　料 ［40個分］

〈クッキー生地〉
バター…200g
メープルシュガー（目の細かいもの）…75g
フルール・ド・セル（ミルで挽く）…2.5g
卵黄…25g
薄力粉…100g
コーンスターチ…65g

メープルシュガー…適量

＊プティフール型に加え、扱いが簡単なフレキシパンを使う例を紹介する。手持ちの好みの型を使ってOK。

◉ 作り方

1
室温でやわらかくしたバターをボウルに入れ、へらでマヨネーズ状に練る。
＊空気が入らないよう、へらは寝かせてすり混ぜるようにする。

2
メープルシュガーとフルール・ド・セルを混ぜ合わせてから加え、同様にすり混ぜる。

3
なめらかになったら卵黄を加え、混ざりムラがないようにていねいに練る。

4
合わせてふるった薄力粉とコーンスターチを加え、ていねいに混ぜる。
＊ボウルやへらについた生地は随時はらい落とし、混ぜ込む。薄力粉の量を15%ほど減らすと、さらに利那的な食感になる。

5
粉気がなくなったら、ツヤが出てなめらかになるまで混ぜる。
＊薄力粉の割合が少ないので、混ぜ足りないとグルテンが弱く、きれいな形に焼き上がらない。しっかり練ることが大事。

6
生地がやわらかく成形できないため、型に絞る。内側にスプレーオイルを吹きつけた型に、低い位置から絞り入れる。
＊写真は3.8cm角のプティフール型。

7
パレットでいったん表面をならしてから、型の口に沿って生地をすり切る。冷蔵庫で1時間以上休ませる。

8
フレキシパンの型の場合は、8分目まで絞り、台に打ちつけて表面を平らにする。冷蔵庫で1時間以上休ませる。
＊写真は口径3.5cmのポンポネット型。55個ほど絞れる。

9
150℃のオーブンで約24分焼く。人肌程度まで冷めたらメープルシュガーを茶漉しで均一にふる。完全に冷めたらクッキーをそっと取り出す。

皮付きアーモンドの
ごろごろ入ったクッキー

ゴツゴツした皮付きアーモンドをガリッと噛み締めるのが、このクッキーの醍醐味。
香りのよいバレンシアと甘みの強いマルコナ、2種類のアーモンドを
ぜいたくに使った間違いのないおいしさです。あられ糖が味と食感のアクセント。

◉ 材　料　[200個分]

〈クッキー生地〉
薄力粉…415g
バター…250g
粉糖…165g
フルール・ド・セル（ミルで挽く）…1g
全卵…85g
バニラエッセンス…数滴
皮付きアーモンド（バレンシア種）…82g
皮付きアーモンド（マルコナ種）…82g

あられ糖…適量

＊1.5cm角に切ったバターは冷凍庫で、薄力粉、全卵は冷蔵庫で冷やしておく。

右の小粒でずんぐりしたほうがスペイン産マルコナ種、左はバレンシア種のアーモンド。マルコナは強い甘みとまろやかさが、バレンシアはアーモンドらしいビター臭が特徴。組み合わせて使うことで、味わいのバランスをとる。

◉ 作り方

1
冷やした薄力粉とバターをフードプロセッサー（カッター）にかけ、細かくサラサラに粉砕する。
＊バターが溶けないよう、器具も冷やしておく。

2
1をミキサーボウルに移し、粉糖とフルール・ド・セルを加えてビーターで混ぜ合わせる。
＊ミキサーボウルとビーターも冷やしておく。

3
全卵をほぐし、バニラエッセンスを加えて混ぜる。2に少しずつ加えていく。

4
粉気が少し残っているうちに、ボウルの周りやビーターについた生地をはらい落とす。さらに混ぜる。

5

2種類の皮付きアーモンドを割れないように少しずつ加える。途中で生地を底から混ぜ、全体にアーモンドを行き渡らせる。

6

ビニールで生地を包み、麺棒で厚さ2cm、20cm角の正方形にのばす。冷蔵庫で一晩休ませる。

7

両端を少し切り落として形を整え、2.2cm幅に切り分ける。
＊すぐに焼かないぶんは冷凍庫で保存する。切り落とした両端の生地は適宜にきざみ、次に作る時にアーモンドを加えるタイミングで混ぜ込む。

8

表面に卵白（分量外）を薄くぬる。あられ糖をまぶし、上から押さえて軽く埋め込む。裏返して同様に卵白をぬり、あられ糖を貼りつける。

9

生地の向きを90度変え、8mm幅に切る。生地がやわらかくて切りづらい場合は、冷蔵庫で冷やし固めてから切る。

10

1個ずつばらして天板に並べる。140℃のオーブンで約30分焼く。

11

生地の中までしっかり火を入れるが、アーモンドの持ち味を表現するため、焼きすぎないようにする。

バリエーション

アトリエうかいでは、小豆やうぐいす豆、松の実を入れたもの（→p72）や「和栗とカボチャの種入り」「カシューナッツとチョコチップ入り」なども作っている。また、生地自体に味をつけたい場合は、材料を粉ではなく卵に混ぜるのがポイント。たとえば、コーヒー風味にする場合はインスタントコーヒーを卵と合わせてから生地に加える、というように。

小豆とうぐいす豆と松の実のざくざくクッキー

花型のウィーン風クッキー
木イチゴのジャムサンド

粉糖の白とジャムの赤い色のコントラスト、薄く焼き上げて2枚重ねたクッキーの
ホロッとはかない口あたり……なんとも繊細な印象のクッキーです。
ありそうでない6枚の花弁の形は、オリジナルの型で表現しました。

◉ 材　料　[130個分]

〈クッキー生地〉
バター…250g
粉糖…100g
バニラビーンズ(マダガスカル産)*…1/2本
フルール・ド・セル(ミルで挽く)…2.5g
卵黄…50g
薄力粉…315g

フランボワーズのジャム(→p121)…400g
粉糖…適量

＊バニラビーンズは種子を取り出し、粉糖と混ぜ合わせておく。

◉ 作り方

1　生地を作る。バター、合わせた粉糖とバニラビーンズの種子、フルール・ド・セルをミキサーボウルに入れ、白っぽく、ふんわりするまでビーターで混ぜる。

2　卵黄をときほぐして1に加え、混ぜる。

3　薄力粉を一度に加え、低速で混ぜる。生地をつなげる感覚でしっかり練ること。

4　粉の配合が少ないので、混ぜ終わりの生地はベタベタしている。扱いやすくするため、室温に15分ほどおいてから2つに分け、冷蔵庫で一晩休ませる。

5　生地に打ち粉(分量外)をし、向きを変えながら厚さ2.5mmにのばす。冷蔵庫で1時間休ませる。

6　型にも打ち粉をふり、生地を花の形に抜く。抜いたあとの生地はまとめ直し、同じ厚さにのばして再度型で抜く。
＊花の大きさは直径4cm。

7　オーブンペーパーを敷いた天板に並べる。
＊作業中に生地がだれないよう、必要ならば天板の下に氷をかませる。

8　並べた生地の半分は、中心を直径1.3cmの花型で抜く。
＊型には打ち粉をする。丸で抜くより、花型で抜いたほうが繊細で、大人っぽい雰囲気に。

140℃のオーブンで約24分焼く。
＊バニラの香りを引き立て、サクッと軽い食感に仕上げるため、焼き色がつきすぎないように。

中心を抜いたほうのクッキーを網にのせ、粉糖をふる。
＊網にのせるのは、花弁の切り込み部分に粉糖がたまるのを防ぐため。

フランボワーズのジャムを火にかけ、絞りやすい固さになるまで煮詰める。

中心を抜いていないクッキーを裏返し、*11*が熱いうちに中央に絞る。

ジャムが少し冷めたら*10*をのせ、サンドする。
＊ジャムが熱いうちに重ねると粉糖が溶けてしまい、逆に固まるときれいにサンドできないので、作業は手ばやく行なう。

このクッキーに使う花型は、真鍮製のオリジナル。花の大きさは4cmで、一度に8枚抜ける。もともとレストラン「うかい亭」の食後のプティフール用に作ったもので、市販の型は花弁が5枚のものが多いが、6枚にしたことで繊細な印象のクッキーに仕上がる。

シナモンクッキー
赤い実のジャムがけ

ヴァン・ショー（ホットワイン）をイメージし、シナモンを効かせたクッキーに、ローリエ、
クローブ、黒コショウを使ったフリュイ・ルージュのジャムと赤ワインのグラス・ア・ロをぬった
インパクト大のクッキー。グラスがけしたクッキーのおいしさをぜひ。

◉ 材　料　[60個分]

〈クッキー生地〉
バター…250g
グラニュー糖…135g
フルール・ド・セル(ミルで挽く)…1.5g
全卵…35g
薄力粉…330g
ベーキングパウダー…3g
シナモンパウダー…25g
コーンスターチ…35g

フリュイ・ルージュのジャム(→p121)…400g
赤ワインのグラス・ア・ロ(→p127)…130g

シナモンパウダーは、セイロンシナモンの中でも、甘く鮮烈な香りのものを選ぶ。

◉ 作り方

1
薄力粉、ベーキングパウダー、シナモンパウダー、コーンスターチを、泡立て器で混ぜてからふるう。
＊膨張剤やシナモンが全体に行き渡るよう、混ぜ合わせてからふるう。

2
バターをビーターでやわらかくほぐす。グラニュー糖、フルール・ド・セルを加え、白っぽくなるまで混ぜる。

3
全卵をときほぐし、2に少しずつ加えて混ぜる。

4
卵が全体に行き渡ったら、ビーターを一度はずし、ボウルやビーターについた生地をはらい落とす。さらに混ぜる。

5
1を一度に加え、粉気がなくなるまで混ぜる。

6
生地の完成。ビニールなどで密閉し、冷蔵庫で一晩休ませる。

7
生地に打ち粉(分量外)をし、麺棒で叩いてやわらかくしてから厚さ4mmにのばす。冷蔵庫で1時間以上休ませる。

8
直径3.6cmのキャヌレ型で抜く。写真の場合、型に生地をのせて上から麺棒をかけて抜く。

9
抜いた生地は冷蔵庫でしばらく休ませる。
＊残った生地はまとめて冷凍保存し、次回作る時に生地に混ぜ込む。

10
天板に生地をのせ、150℃のオーブンで25〜30分焼く。粗熱をとる。

11
フリュイ・ルージュのジャムをぬりやすい濃度に煮詰める。
＊少量をたらして冷やした時に、やわらかく固まるくらいの濃度にする。マデラ酒を加えてもよい。

12
クッキーに刷毛でジャムを厚めにぬる。

13
網にのせてジャムを乾かす。
＊乾かないうちにグラス・ア・ロをぬると、ジャムとなじんでしまうのでしっかり乾かす。

14
赤ワインのグラス・ア・ロをへらでよく混ぜ合わせて均一な状態にする。

15
グラス・ア・ロを13にのせるようにぬる。

16
すぐに100℃のオーブンに3〜4分入れてツヤを出す。
＊ぬってから時間が経つとグラス・ア・ロの水分がジャムに移り、クッキーがしんなりするので、すみやかにオーブンで乾かす。

ゴマとアーモンドの
キャラメルがけクッキー

ゴマとアーモンドの風味を存分に楽しむフロランタン。
キャラメルには華やかな香りのタヒチ産バニラを使い、下のサブレはしっかり焼いてナッツの香ばしさと
バランスをとる。「雷おこし」を思わせる歯切れのよさと食べやすいひと口サイズがポイントです。

ゴマのキャラメルがけクッキー

黒ゴマと金ゴマを併用することで、
ゴマの香ばしさと甘みを強調します。

◉ 材料 ［90個分］

〈クッキー生地〉（以下で作り、半量使用*）
バター…500g
粉糖…300g
卵黄…160g
薄力粉…1kg

〈ゴマのアパレイユ〉
ハチミツ…80g
グラニュー糖…160g
バター…120g
生クリーム…200g
バニラビーンズ（タヒチ産）…2本
黒ゴマ…155g
金ゴマ…155g

*残りはp32「アーモンドのキャラメルがけクッキー」に使う。

◉ 作り方

1 p24「花型のウィーン風クッキー」1〜4の要領で、生地を作る（塩、バニラビーンズは加えない）。冷蔵庫で一晩休ませる。
*キャラメルの風味を生かすため、生地はシンプルな配合に。

2 半分に分割し、打ち粉（分量外）をして厚さ3mmにのばす。天板にのせ、表面全体にしっかりピケする。

3 160℃のオーブンで焼く。15分後に一度取り出し、生地が浮いたところを竹串でつぶす。

4 オーブンに戻してさらに約15分焼く。

5 生地を焼く間にゴマのアパレイユを作る。黒ゴマと金ゴマを天板に広げ、上火190℃・下火150℃のオーブンで5分ほどローストする。*何度か混ぜて均一に焼く。

6 鍋にハチミツ、グラニュー糖、バター、生クリーム、バニラビーンズのさやと種子を入れて火にかけ、へらで混ぜながら中火で煮詰める。

7 温度を計り、114℃になったら火からはずしてさやを取り、5のゴマを加えて混ぜ合わせる。
*和のイメージがあるゴマだが、バニラの風味があることでまとまる。

8 クッキーが熱いうちにキャラメルを流し、パレットナイフで全体に広げる。
*焼く間にキャラメルが溶け広がるので、生地の縁は少し残して広げる。

9	10	11	12

上火190℃、下火150℃のオーブンで約18分焼く。キャラメルの水分がとび、表面がでこぼこしてきたら取り出す。	キャラメルが手で触れるくらいの温度になったら裏返し、天板をはずす。	サブレが熱いうちに周りを切り落とす。長さ3.8cm、幅2.5cmにしるしをつけ、まずクッキーの部分だけ波刃で切る。 ＊一度に切ろうとするとクッキーにキャラメルがくっついてしまう。	刃の長い包丁に替え、上から刃を落とすようにしてキャラメル部分を切り分ける。粗熱をとる。

アーモンドの
キャラメルがけクッキー

キャラメルのバニラ風味とアーモンドの香ばしさ、
クッキー生地との一体感が醍醐味。

◉ 材 料 ［90個分］

クッキー生地（→p31）…約1kg

〈アーモンドのアパレイユ〉
ハチミツ…100g
グラニュー糖…195g
バター…145g
生クリーム…240g
バニラビーンズ（タヒチ産）…2 1/2本
アーモンドスライス…375g

◉ 作り方

1） クッキー生地をp31「ゴマのキャラメルがけクッキー」の1〜4の要領でのばし、焼く。

2） アーモンドのアパレイユを5〜7の要領で作る。ハチミツ、グラニュー糖、バター、生クリーム、バニラビーンズのさやと種子を114℃まで加熱してキャラメルを作り、ローストしたアーモンドスライスを加えて混ぜる。

3） 1に2のキャラメルをのせて広げ、9と同様にオーブンで焼く。1個2.5×3.8cmに切り分ける。

column

クッキーをもっと自由に

　私がお菓子作りの門を叩いた頃は、アイスボックスクッキーの全盛期。当時はそれが当たり前だと思っていましたが、その後、ドイツやウィーン、フランスなどで見たクッキーはどれも本当に個性にあふれていました。形も食感もさまざまで、ジャムをぬったり、チョコレートをコーティングしたりと表情豊か。なんて自由なんだろう。そんなイキイキとした、ぬくもりのあるクッキーをいつか作りたい、と少しずつアイデアを温めてきました。

　現在のクッキーのラインアップは、レストラン「うかい亭」のプティフールとして提供するなかで、お客さまやサービススタッフ、料理人たちと意見を交わし、試行錯誤をしながら少しずつでき上がってきたものです。クラシックなクッキーほどていねいに手をかけることを大事にしながら、より軽く、印象は強く。クッキーの形もイメージをふくらませて、生地を絞ったもの、手でひとつずつ形作るもの、型で抜くものと表情豊かに。食感ならばほろほろ、サクサク、カリカリ、しっとり、さらり。甘酸っぱい、ほろ苦い、ガツンとくる味にやさしい味、どこか懐かしい味……。自由な発想でクッキーの表現を追求していきたいと私自身思っていますし、この本を見て作ってみようという方も、ぜひ好みの大きさや形、デコレーションで楽しんでもらえたらと思います。

香ばしいゴマのガレット

フランスの定番クッキーであるガレットを、ゴマを使ってアレンジしました。ゴマはグラニュー糖と一緒に粉砕し、いわばすりゴマの状態で使うことで圧倒的な香りを表現。ガレット・ブルトンヌのような、はっきり感じる塩気もポイント。個人的に思い入れのあるクッキーのひとつです。

⊙ 材料 ［40個分］

〈クッキー生地〉
バター…150g
ゴマのタンプータン
| 黒ゴマ…25g
| 白ゴマ…40g
| グラニュー糖…65g
フルール・ド・セル（ミルで挽く）…3g
卵黄…18g
薄力粉…130g
ベーキングパウダー…1g
黒ゴマ…25g
白ゴマ…25g

ぬり卵（以下で作り、適量使用）
| 卵黄…2個
| グラニュー糖…5g
| 水…5g

⊙ 作り方

1）ゴマのタンプータンを作る。黒ゴマと白ゴマ、グラニュー糖をフードプロセッサー（カッター）にかけて粉砕する。

2）バターと*1*のタンプータン、フルール・ド・セルをミキサーボウルに入れ、ビーターで白っぽくなるまで混ぜる。

3）卵黄を少しずつ加え、よく混ぜる。合わせてふるった薄力粉とベーキングパウダーを加え、ざっと混ぜてから黒ゴマ、白ゴマを加え、粉気がなくなるまで混ぜる。

4）直径4cmのミラソン型に生地を詰め、表面をすり切る。冷蔵庫で一晩休ませる。

5）ぬり卵の材料を混ぜ、*4*に薄く2回ぬる。竹串2本で十字に模様をつける。2回なぞると模様がはっきりする。＊竹串をテープで固定すると模様の幅が変わらず、作業性もよい。

6）上火165℃・下火150℃のオーブンで25〜30分焼く。完全に冷めてから型からクッキーを取り出す。

バニラたっぷりの三日月型クッキー

「三日月」を意味するキッフェルの名で、ウィーンやドイツではおなじみのクッキーです。口に入れた瞬間、バターがジュワッ、バニラの香りがブワッとあふれ出すぜいたくなクッキーは、ていねいに、手間を惜しまず作ることがポイント。ミルキーなイメージを大事にして焼ききらず、バニラシュガーをまぶしたらしばらくねかせて、たっぷり香りをまとわせます。

◉ 材料 ［100個分］

〈クッキー生地〉
薄力粉…250g
バター…220g
グラニュー糖…80g
フルール・ド・セル(ミルで挽く)…2g
バニラビーンズの種子(マダガスカル産)
…2本分
卵黄…40g

〈バニラシュガー〉
グラニュー糖…100g
バニラビーンズ(マダガスカル産)
…1/4本
バニラビーンズ(2番*)…8g

＊バニラビーンズの2番は、クレーム・パティシエールを炊いたあとなど、使用済みのバニラビーンズをきれいに洗い、乾燥させたもの。ミルで挽き、ふるってから使う。

◉ 作り方

角切りのバターは冷凍庫で、薄力粉、卵黄は冷蔵庫で冷やしておく。

1) バニラシュガーを作る。グラニュー糖、バニラビーンズの種子、2番を混ぜ合わせ、種子を取り出したあとのさやも一緒に香りが移るまでねかせる。

2) p21「皮付きアーモンドのごろごろ入ったクッキー」1～4の要領で生地を作る(バニラエッセンスの代わりに、バニラビーンズの種子を粉糖と一緒にフードプロセッサーにかける)。適当な厚さにのばし、冷蔵庫で一晩休ませる。

3) 1個6gに分け、打ち粉(分量外)をして丸める。手で転がして細い棒状にしてから、三日月の形にする。冷蔵庫で30分以上休ませる。
＊この状態で冷凍保存可能。

4) 上火160℃・下火150℃のオーブンで20～25分焼く。

5) バットなどに1を敷き詰め、まだほの温かいクッキーを並べる。上からもバニラシュガーをたっぷりかけ、クッキーを覆う。室温に一晩おき、バニラの香りをまとわせる。

＊クッキーの温度がポイント。焼きたてはバニラシュガーが厚くつきすぎてしまい、冷めるとうまくつかない。その場合はクッキーをオーブンで少し温めてからまぶす。

小さな板などを目安にするとクッキーの形が揃う。写真の場合、長径に合わせて棒状にし、短径に合わせてカーブさせる。

ヨーグルトとイチゴの
ほろほろクッキー

フランスでは「ブール・ド・ネージュ（雪の玉）」と呼ばれる、
卵を使わない素朴な味と、ほろほろっとした歯ざわりが人気のクッキー。
白はヨーグルトパウダーを、ピンクはイチゴパウダーを粉糖に混ぜてまぶし、
色鮮やかに仕上げました。いろいろな形で作るのも楽しいです。

ヨーグルトのほろほろクッキー

アーモンドのコクとヨーグルトパウダーの
はっきりした酸味が印象的です。

◉ 材 料 ［150個分］

〈クッキー生地〉
バター…132g
粉糖…42g
アーモンドスライス(ロースト*)…65g
薄力粉…200g

ヨーグルトデコール(→p124)…180g

*アーモンドスライスは150℃のオーブンで15分ほど
キツネ色にローストし、粗くきざんでおく。

◉ 作り方

1) p75「ゴマのほろほろクッキー」の作り方を参考に、バターと粉糖を白っぽく、ふんわりするまで混ぜる。
2) アーモンドスライスを加えて混ぜ、薄力粉を2回に分けて加え、へらで混ぜる。冷蔵庫で一晩休ませる。
3) 1×2.5cmの棒状と1.5cmのボール型に成形し、150℃のオーブンで約25分焼く。
4) ヨーグルトデコールを、クッキーがほんのり温かいうちにまぶす。ザルにあけ、余分な粉を落とす。

イチゴのほろほろクッキー

イチゴフレーバーと相性のよいホワイトチョコと
ココナッツを生地に使いました。

◉ 材 料 ［150個分］

〈クッキー生地〉
バター…132g
粉糖…42g
イチゴのピュレ*…6g
フランボワーズのピュレ…2.5g
薄力粉…200g
ココナッツファイン(ロースト*)…30g
ホワイトチョコレート(細かくきざむ)…30g

イチゴデコール(→p124)…180g

*イチゴのピュレは味が濃厚なセンガセンガナ種のものを使用。それ以外のイチゴのピュレを使う場合はイチゴのリキュールを加えて風味を補う。
*ココナッツファインは150℃のオーブンで15分ほど、キツネ色にローストする。

◉ 作り方

1) イチゴとフランボワーズのピュレを湯煎にかけて溶かす。
2) p75「ゴマのほろほろクッキー」の作り方を参考に、バターと粉糖を白っぽく、ふんわりするまで混ぜる。
3) 1を加え、薄力粉、ココナッツファイン、ホワイトチョコレートを順に加えてへらで混ぜる。冷蔵庫で一晩休ませる。
4) 上記「ヨーグルトのほろほろクッキー」と同様に成形し、焼く。クッキーがほんのり温かいうちに、イチゴデコールをまぶす。ザルにあけ、余分な粉を落とす。

パッションジャムをのせた
チョコレートクッキー

コクのあるココアクッキーに、酸味のあるパッションフルーツのジャムを組み合わせた、大人の味わいのクッキーです。ココアのクッキーは固くなりやすいので、薄力粉以外にコーンスターチやベーキングパウダー、重曹を組み合わせて、軽い食感やふんわりした口どけを表現しています。

◉ 材料 ［120個分］

〈クッキー生地〉
バター…200g
粉糖…90g
フルール・ド・セル(ミルで挽く)…1g
卵白…72g
生クリーム…72g
薄力粉…230g
コーンスターチ…135g
アーモンドパウダー…40g
ココアパウダー…45g
ベーキングパウダー…4g
重曹…5g

パッションジャム(→p120)…280g
ココナッツリキュール(マリブココ)…適量

◉ 作り方

1. 薄力粉、コーンスターチ、アーモンドパウダー、ココアパウダー、ベーキングパウダー、重曹を泡立て器で混ぜてからふるう。
*膨張剤を全体に行き渡らせる。

2. ミキサーボウルにバター、粉糖、フルール・ド・セルを入れて白っぽく、ふんわりするまでビーターで混ぜる。

3. 卵白と生クリームをときほぐす。
*生クリームを単体で生地に加えると、クリームが泡立って生地が締まるおそれがあるので、卵白と混ぜてから加える。

4. 2に3回に分けて加え、そのつど生地がつながるまで混ぜる。途中ビーターをはずし、生地を底から混ぜる。

5

写真のようになめらかになる。
＊水分が多い生地は分離しやすい。分離した水分がこのあと加える粉と直接結びつくと、ガリッと固い食感になるので、この時点で生地をなめらかにつなげておくことが大事。

6

1の粉類を一度に加え、混ぜる。

7

生地の完成。練りすぎると脂が出てくるので、粉気がなくなればよい。

8

8切・5番の星口金をつけた絞り袋に生地を入れ、直径3cm程度に丸く絞る。

9

丸口金をアルミ箔で覆い、絞った生地の中央をぐっと押してへこませる。
＊このくぼみに、あとでジャムを絞り込む。

10

140℃のオーブンで約22分焼く。粗熱をとる。

11

パッションジャムにココナッツリキュールを加え、絞りやすい濃度に煮詰める。
＊ココナッツの香りはパッションフルーツとよく合う。

12

少量をバットなどに落とし、冷えた時に写真のようにやわらかく固まる濃度になればOK。

13

クッキーに粉糖を茶漉しでまんべんなくふる。

14

くぼみにパッションジャムをたっぷり絞る。
＊時間が経つとジャムの表面が平らになるので、多めに絞っておく。

column

オリジナルの缶

　クッキーの缶には特別な思いがあります。子供の頃、母は缶のふたを開ける際にテープをきれいにはがし、クッキーを取り分けると再びそのテープを巻き、湿気ないように封をしていました。クッキーを慈しむような母の姿は印象的で、そこには今の時代にも残すべき大切なものがある気がします。

　そんなこともあり、クッキーの詰め合わせを商品化するにあたっては、まずは缶に入ったクッキーを作りたいと思いました。クッキーの持つ温かさが伝わるよう、個包装はせず、日本の"おせち"のように賑やかに詰め込んで……。それまで本の切り抜きを集めたりしてイメージをふくらませていた私にとって、定番クッキーを詰め合わせた「フールセック」のデザインは最初からはっきりしていました。中のクッキーの雰囲気と乖離のないよう、どこかアンティークな印象にできたらと。一方、2015年に和のクッキー缶を作るにあたっては、おもてなしの心を表現したいと思いながらもなかなかデザインが決まらず、手探りが続きました。そんな時、私どもの系列店のあちらこちらにあしらわれている紋様が目に留まりました。それらは、幸を願う縁起のよい吉祥紋様だったのです。「こんなところにもおもてなしの心があるのだ」と気づかされ、缶のデザインに取り入れることで完成に至りました。これらの缶が、食べ終えたあとにもどこかで誰かの大切なものをしまう箱などとして使われることがあるならば、それは私にとって最上の喜びです。

貝殻型の紅茶クッキー
レモンジャム添え

レモンティーから発想した、香り豊かなクッキーです。生地は香りのよいアールグレイの紅茶の葉をベースに、ダージリンのエッセンスを加えて味に奥行きをプラス。酸味を効かせたレモンのジャムをぬって、小さいながらも存在感のあるクッキーに仕上げました。メリハリのある味わいは、他のプティフールと一緒に詰め合わせた時に、アクセントとしても重宝します。

◎ 材料 [180個分]

〈クッキー生地〉
バター…72g
粉糖…37g
生クリーム…27g
卵白…27g
紅茶エッセンス(ダージリン)*…1g
紅茶ペースト(アールグレイ)*…0.5g
薄力粉…100g
アーモンドパウダー…20g
コーンスターチ…15g
アールグレイの茶葉(ミルで挽く)…7g
紅茶パウダー(市販)…3g
重曹…2g
ベーキングパウダー…2g

レモンジャム(→p120)…400g
リモンチェッロ…適量

*紅茶エッセンスやペーストがなければ、茶葉を増やすか、入れなくてもよい。

◎ 作り方

1) バターと粉糖をミキサーボウルに入れ、白っぽくなるまでビーターで混ぜる。

2) 生クリームと卵白、紅茶エッセンス、紅茶ペーストを混ぜ合わせてから1に加え、全体に行き渡るまで混ぜる。

3) 薄力粉、アーモンドパウダー、コーンスターチ、アールグレイの茶葉、紅茶パウダー、重曹、ベーキングパウダーを合わせてふるい、2に加えて粉気がなくなるまで混ぜる。

4) 6切・3番の星口金をつけた絞り袋に入れ、長さ2cmの貝殻型に絞る。
*この状態で冷凍保存可能。

5) 140℃のオーブンで約24分焼く。冷ましておく。

6) レモンのジャムを軽く煮詰め、仕上げにリモンチェッロを加える。5の先にジャムをつける。

ピスタチオのジャンドゥージャを
詰めたコルネ

香ばしく、はらりと崩れる薄いシガレット生地の中に、濃厚なピスタチオのクリームをたっぷり詰めました。
トッピングにもピスタチオを使ったぜいたくなクッキーは、アトリエうかいでも1、2を争う人気。
手作業でなければできない繊細さも、このお菓子の魅力です。

◉ 材　料 ［100個分］

〈シガレット生地〉
バター…75g
グラニュー糖…80g
アーモンドのタンプータン
　｜皮付きアーモンドパウダー…25g
　｜粉糖…25g
卵白…100g
薄力粉…75g

ピスタチオのジャンドゥージャ（→p123）…500g
ピスタチオ（トッピング用）…適量

トッピング用のピスタチオは、皮を湯むきしてから細かくきざみ、60℃のオーブンで5分ほど乾燥焼きしておく。

◉ 作り方

1　皮付きアーモンドパウダーを天板に広げ、上火190℃・下火150℃のオーブンで約10分焼く。途中何度か混ぜ、全体に焼き色をつける。

2　1と粉糖を混ぜ合わせ、タンプータンを作る。
＊皮付きアーモンドパウダーをローストすることで、シガレット生地に香ばしさを持たせる。

3　やわらかくしたバターにグラニュー糖と2を入れ、ビーターで白っぽく、ふんわりするまで混ぜる。

4　卵白を少しずつ加え、ていねいに混ぜ合わせていく。時々ビーターをはずし、生地を底から混ぜる。

5　水分が多いのでつながりづらいが、それなりにまとまる。写真くらいの分離状態であればOK。
＊生地が冷えると分離しやすい。必要があれば卵白を温めたり、ボウルをバーナーで温める。

6　薄力粉を一度に加え、上下を返しながらなめらかになるまで混ぜる。冷蔵庫で一晩休ませる。

7　シャブロン型になめらかに生地がすり込めるよう、生地を室温にもどす。
＊必要であれば湯煎にかけるなどして、生地をやわらかくする。

8　天板にオーブンシートを敷き、直径4.5cm・厚さ3mmのシャブロン型をのせる。パレットに生地を少しとり、型にすり込むようにしてのばす。

9 型をはずし、上火190℃・下火150℃のオーブンで10〜12分、全体が色づくまで焼く。

10 焼きたての、生地がやわらかいうちにどんどん手で巻いていく。一部を重ねて止め、口のほうを開かせるように巻く。

11 網などに挿してしばらくおき、コルネの形を固定させる。

12 巻いている間も生地の温度を保つよう、天板の下に温めた天板を2枚敷いている。生地が冷えて固くなったら、霧を吹いてからオーブンで温めるとやわらかさがもどる。

13 ピスタチオのジャンドゥージャを湯煎にかけてやわらかくしてから、絞れるくらいの固さに調整する。

14 口径11mmの丸口金をつけた絞り袋に13を詰め、コルネにたっぷり絞る。
＊コルネはぜいたくなお菓子。ジャンドゥージャはたっぷりと絞り入れる。

15 ジャンドゥージャの部分にトッピング用のピスタチオをつける。ジャンドゥージャが固まったら、乾燥剤と一緒に保管する。

バリエーション

シガレット生地に使うタンプータンや、ジャンドゥージャに使うナッツの種類を変えることで、コルネのバリエーションは広がる。トッピングのナッツは色をつけたアーモンドが一般的だが、ここで紹介したようにピスタチオをふって自然な色を楽しんでもよいし、ヘーゼルナッツやアーモンドのクラックランをつけてもよい。

クルミのクッキー
クルミのジャンドゥージャサンド

クルミをふんだんに使った生地を薄く焼き上げ、香ばしくローストしたクルミとミルクチョコレートで作る濃厚なジャンドゥージャをサンドした、まさに"クルミづくし"のリッチなクッキーです。生地にはバターと同じ量のクルミを使い、薄力粉を極力減らして、ジュワッとあふれ出すようなクルミのジューシーさを表現しました。良質なクルミならではの甘みとコクが、口いっぱいに広がります。ポイントは、タンプータンもジャンドゥージャも作りたてを使うこと。香りがまったく違います。なお、1枚ではもろく壊れやすいこの生地は、ジャンドゥージャをサンドすることでちょうど心地よい歯ざわりに。そんな繊細さも、このクッキーの魅力です。

材料 [75枚分]

〈クッキー生地〉
バター…100g
クルミのタンプータン(→p10)…200g
卵白…100g
薄力粉…50g

クルミのジャンドゥージャ(→p123)…250g
クルミ(粗くきざむ)…適量
ブラックチョコレート…適量

作り方

1) やわらかくしたバターにクルミのタンプータンを加え、白っぽくなるまですり混ぜる。
2) 別のボウルで卵白を泡立て、のびのあるやわらかいメレンゲを作る。
3) 2を1に加え、ざっと混ぜ合わせる。薄力粉を加え、粉気がなくなるまでていねいに混ぜたら、冷蔵庫で一晩休ませる。
4) 口径10mmの丸口金をつけた絞り袋に3を入れ、天板に長さ5cmに絞る。きざんだクルミをふりかけ、150℃のオーブンで約15分焼く。粗熱をとる。
5) クルミのジャンドゥージャを湯煎にかけ、固さを調整する。焼いたクッキーの半分にぬり、残りのクッキーでサンドする。湯煎で溶かしたブラックチョコレートで表面に模様を描く。

ブランデー漬けレーズン入り
ビスコッティ

イタリア菓子の素朴で歯ごたえのあるビスコッティではなく、アーモンドパウダーを加えてコクをプラスしたビスキュイ生地で作る、卵のやさしい色合いと粉糖の白が上品な雰囲気のフィンガークッキーです。ブランデーに漬けたレーズンを引き立てるため、生地の甘みは控えめに。最初に160℃のオーブンで粉糖のペルレ（パール状の結晶）を立たせたら、100℃に温度を下げて乾かすようにじっくり焼き、パリンと軽やかな食感に仕上げました。ブランデーがふんわり香る、大人の味わいのクッキーです。

◉ 材　料　［120個分］

〈クッキー生地〉
卵黄(M玉)…4個
グラニュー糖A…40g
卵白(M玉)…4個分
乾燥卵白…10g
グラニュー糖B…80g
薄力粉…138g
アーモンドパウダー…33g
レーズン(ブランデー漬け)…120g

全粉糖*(ふりかけ用)…適量

＊乾燥卵白とグラニュー糖Bを混ぜ合わせておく。
＊レーズンは軽く水気を絞り、細かくきざむ。
＊全粉糖はコーンスターチが入らない粉糖。

◉ 作り方

卵、レーズン、器具を充分に冷やしておく。
1) 卵黄とグラニュー糖Aを白っぽくなるまで泡立てる。
2) 別のボウルに卵白、合わせておいた乾燥卵白とグラニュー糖Bを入れて泡立て、キメの整ったしっかりしたメレンゲを作る。
3) ここから1のボウルを氷水にあてて作業する。2のメレンゲの1/3量を1に加え、へらで混ぜてなじませる。残りのメレンゲを加えて1〜2回混ぜたら、合わせてふるった薄力粉とアーモンドパウダーを加え、さっくり合わせる。
4) きざんだレーズンを加え混ぜ、全体に行き渡らせる。
5) 口径14mmの丸口金をつけた絞り袋に4を入れ、天板に幅2cm、長さ6cmに絞る。全粉糖を2回に分けてふる。
6) 160℃のオーブンで約12分、100℃に落として2時間ほど乾かすように焼く。

ココナッツ味のねじりパイ

パイ生地のおいしさを追求しようと、アトリエうかいではバターでデトランプを包む「アンベルセ法」で生地を作っています。軽い食感を表現するには、折り込む回数も重要なポイントです。しっかり焼いた香ばしいキャラメルのカリッとした歯ごたえと、パイ生地のサクッとした軽やかなコントラストがどこか南国を思わせ、ココナッツの風味とよく合います。

◉ 材 料 ［200本分］

〈パイ生地〉
デトランプ
| 強力粉…230g
| 薄力粉…30g
| 塩…6g
| グラニュー糖…6g
| 発酵バター…15g
| 冷水…125g
発酵バター(折り込み用)…285g
強力粉…75g

ココナッツリキュール(マリブココ)…適量
ココナッツエッセンス…少量
ココナッツファイン…適量
グラニュー糖…適量

＊ココナッツファインにココナッツエッセンスを適量ふりかけ、よく混ぜておく。

◉ 作り方

1) デトランプを作る。冷水以外の材料を入れ、フードプロセッサー(カッター)で粉砕する。＊デトランプの材料、器具はすべて冷やしておく。

2) ミキサーボウルに移し、冷水を加えながらビーターで混ぜ、全体がまとまればひとまとめにし、冷蔵庫で冷やす。

3) 折り込み用の冷たい発酵バターを麺棒で叩いてしなやかにする。分量の強力粉をまぶし入れ、厚さ1.5cmの正方形にのばす。

4) 2に十字の切り込みを入れ、3の大きさに合わせてのばす。
＊アンベルセ(バターでデトランプを折り込む手法)にするため、デトランプはバターに合わせてのばす。

5) 3に4を90度ずらしてのせ、バターの四隅を折って生地を包む。厚さ7mmにのばし、4つ折りにして冷蔵庫で休ませる。その後、3つ折り→4つ折り→3つ折りの順に、冷蔵庫で休ませながら折る。

6) パイ生地を厚さ1.5mm、幅30cmにのばし、冷蔵庫で一晩休ませる。

7) ココナッツのリキュールにココナッツエッセンスを加え、混ぜる。これを6の表面にぬる。

8) ココナッツファインとグラニュー糖を1:1の割合で混ぜ合わせ、まんべんなくふる。上から麺棒をかけて生地に密着させ、冷蔵庫で休ませる。

9) 1辺が10cmになるように3等分する。3枚を重ね、1cm幅に切る。1本ずつ手で2回ねじり、冷凍庫で休ませる(そのまま保存可能)。

10) 解凍してグラニュー糖をまぶし、生地の両端を軽く押しつけながら天板に並べる。140℃で約25分、中まで火が入ったら230℃にして1分ほど焼き、まぶしたグラニュー糖をキャラメリゼする。

ヘーゼルナッツと生姜のメレンゲ

イメージは、ジンジャークッキーのメレンゲ仕立て。配合はクラシックですが、ショウガやきざんだヘーゼルナッツを加えて新しい味わいにチャレンジ。ショウガと相性のよいきび砂糖を使うことで、どこかほっとする味に仕立てました。ポイントは、卵白の泡立ちを助ける乾燥卵白を加えること。しっかりした気泡のメレンゲになり、ヘーゼルナッツのように油脂を含む素材を加えても、泡がつぶれずに軽い食感に仕上がります。p128のようにチョコレートをデコレーションするのも楽しいです。

◉ 材 料 ［150個分］

卵白…90g
グラニュー糖A…36g
きび砂糖…45g
グラニュー糖B…9g
乾燥卵白…5g
ヘーゼルナッツ*…45g
ショウガパウダー(市販)…1.5g

*グラニュー糖Bと乾燥卵白を混ぜ合わせておく。
*ヘーゼルナッツはローストし、きざんでおく。

◉ 作り方

1） ボウルに卵白、グラニュー糖A、きび砂糖を入れ、80℃の湯煎にかけながら泡立て器で混ぜる。ここで加熱が足りないと生地がだれるので、しっかり温める。

2） 合わせたグラニュー糖Bと乾燥卵白を1に加え、スティックミキサーで混ぜて乾燥卵白を完全に溶かす。*乾燥卵白を加えることで、メレンゲの気泡を安定させる。

3） ミキサーボウルに移し、粗熱がとれるまでホイッパーで泡立てる。ここで安定した気泡を作っておくと仕上がりの食感が軽くなるので、しっかり泡立てる。ヘーゼルナッツとショウガパウダーをよく合わせてから加え、泡が消えないようにざっくり混ぜる。

4） 口径11mmの丸口金をつけた絞り袋に入れ、オーブンペーパーを敷いた天板に、直径1cmほどの円すい形に絞る。

5） 80℃のオーブンに一晩入れて乾燥させる。冷めたら乾燥剤とともに保存する。*家庭用オーブンの温度はp12参照。

イチゴのメレンゲ
青リンゴとミントのメレンゲ

果実感あふれる鮮烈な味わいとさらりと消える軽い口どけは、
乾燥卵白で作るメレンゲならでは。素材の風味をストレートに表現できるので、
フルーツのピュレを使ったメレンゲにおすすめの作り方です。
湿度に弱いので、アトリエうかいでは秋から春先までの限定商品です。

イチゴのメレンゲ

センガセンガナ種のイチゴのピュレを使った、
甘酸っぱいメレンゲ。

⊙ 材　料　［大小合わせて200個分］

グラニュー糖…28g
乾燥卵白…10g
イチゴのピュレ（冷凍）＊…125g
イチゴのリキュール（マリーブリザール）…10g
レモン汁…5g
トレハロース…100g
イチゴパウダー＊…適量

＊イチゴのピュレは味が濃厚なセンガセンガナ種の
ものを使用。ナチュラルな酸味と甘みが特徴で、それ
以外のイチゴのピュレを使う場合はイチゴのリキュ
ールを加えて風味を補う。
＊イチゴパウダーはフリーズドライをパウダー状に
したもの。

⊙ 作り方

1　グラニュー糖と乾燥卵白を混ぜ合わせておく。

＊乾燥卵白はダマになりやすいので、グラニュー糖とよく混ぜてから用いる。

2　イチゴのピュレの2/3量を火にかけ、イチゴのリキュール、レモン汁を加えて泡立て器でよく混ぜ溶かす。

3　トレハロースを加え、混ぜながら加熱して完全に溶かす。

＊トレハロースが溶けきらないと、食べた時に口にざらざら感が残ってしまう。

4　残りのイチゴのピュレに3を加えて溶かし、ボウルを氷水にあてて急冷する。

＊ピュレの一部を最後に混ぜ合わせることで、イチゴのフレッシュな風味と色味を生かす。

059

5
氷水をはずし、1を加える。

6
乾燥卵白がダマになりやすいので、スティックミキサーにかけて充分になめらかにする。
＊ジューサーミキサーにかけてもよい。

青リンゴとミントのメレンゲ

発想は「アップルミント」という品種のミントから。
ミントの葉を使い、自然な香りに仕上げます。

◉ 材　料　［大小合わせて200個分］

グラニュー糖…30g
乾燥卵白…15g
青リンゴのピュレ（冷凍）…125g
濃縮リンゴジュース＊…62g
レモン汁…20g
ミントリキュール（ジェット31）…12g
カルバドス…12g
スペアミントの葉（フレッシュ）…4g
トレハロース…105g
色粉（緑）…1 1/2杯（1/10スプーン）
色粉（黄）…1/5杯（1/10スプーン）

＊100％リンゴジュースを1/3量まで煮詰めたもの。
＊色粉はなければ入れなくてよいが、ややくすんだ緑色になる。

7
ミキサーボウルに移し、高速でしっかり泡立てる。

8
6切・3番の星口金をつけた絞り袋に7を入れ、直径1.5cmと1cmに絞る。
＊時間が経って生地がだれたら、泡立て直してから再度絞る（ナッツなど油分を含む生地は立て直せないのですぐに絞る）。

ナチュラルな味に仕上げるため、フレッシュのスペアミントから葉だけをちぎって使う。

色粉でグリーンを表現する時には、黄色も加えるとナチュラルな色合いになる。ここではセパロメ社の「ピスタチオグリーン」「レモンイエロー」を使用。グラニュー糖、乾燥卵白とよく混ぜ合わせておく。

9
イチゴパウダーを茶漉しでふりかける。
＊ふり方、ふる量は好みで。色と味のアクセントになる。

10
すぐに80℃のオーブンに入れて2時間、そのあと60℃に下げて一晩乾燥させる。＊家庭用オーブンの温度はp12参照。

◉ 作り方

1
青リンゴのピュレの2/3量を火にかけ、濃縮リンゴジュース、レモン汁、ミントリキュール、カルバドスを加えて混ぜ溶かす。
＊リキュールでミントのスーッとした爽快感を出す。

2
トレハロースを一度に加え、混ぜながら完全に煮溶かす。

3
残りの青リンゴのピュレに2を加えて溶かし、氷水にあてて急冷する。
＊このあと加えるミントの葉の色が変わらないよう、急冷する。

4
スペアミントの葉を加え、スティックミキサーにかけてミントを粉砕する。
＊ミントの葉ごとミキサーにかけることで香りをしっかり出す。

5
合わせておいたグラニュー糖と乾燥卵白、色粉を一度に加え、スティックミキサーで混ぜて乾燥卵白を溶かす。

6
ミキサーボウルに移し、高速でしっかり泡立てる。

7
6切・3番の星口金をつけた絞り袋に6を入れ、直径1.5cmと1cmに丸く絞る。80℃のオーブンに入れて2時間、60℃に下げて一晩乾燥させる。＊家庭用オーブンの温度はp12参照。

乾燥卵白で作る メレンゲのポイント

乾燥卵白は卵白から水分をとばし（脱水）、乾燥させたもの。通常はより安定したメレンゲを作るために補助的に加えるが、ここでは「卵白の水分をフルーツのピュレや果汁、リキュールに置き換えるために乾燥卵白を使う」と考えるとこの作り方のポイントがわかりやすい。つまり、「イチゴのメレンゲ」の場合はイチゴ味の、「青リンゴとミントのメレンゲ」の場合は青リンゴとミント味の卵白を作ることで、より素材の風味が出たメレンゲに仕立てる、というわけである。

バリエーション

フルーツのメレンゲにピュレを使う場合は「イチゴのメレンゲ」を、ハーブやリキュールを使う場合は「青リンゴとミントのメレンゲ」を参照してアレンジする。リキュールの代わりにシャンパンやルビーポルトを使ったり、ハーブの代わりにホウレン草などの青菜を使ってもOK。野菜はトウモロコシのように油脂を含む素材でなければ使える。なお、塩味のメレンゲの作り方は、p107「トマトのメレンゲ」、p110「のり塩メレンゲ」を参照のこと。

メレンゲの絞り方

メレンゲは味や色合いはもちろん、絞る形でぐっとバリエーションが広がります。「イチゴのメレンゲ」「青リンゴとミントのメレンゲ」を使った例を紹介します。

ロザス

星口金で時計回りにぐるりと一周絞ります。バラのつぼみのような形。

トリュフボール

丸口金で少し高さを出すように丸く絞ります。コロンと愛らしい形。

花

丸口金で花びらに見立てたしずく型を6枚絞り、最後に中心を絞ります。

ハート

丸口金でひとつ丸く絞り、そこに沿わせるように「ノ」の字を絞ります。最後のハネが表情に。

クローバー

丸口金で、外から中心に向けてしずく型を絞ります。4枚で四つ葉のクローバーに。

リーフ

丸口金でしずく型を上から下に、少しずつずらしながら5枚ほど絞ります。

ストライプ

色の違うメレンゲ生地を、くっつけて絞ります。焼き上がってから好みの形に切ります。

メレンゲ大集合!

写真のメレンゲは、p58のイチゴのメレンゲや青リンゴとミントのメレンゲ以外に、カシス、洋梨、バナナとパッションフルーツとマンゴーのミックス、アンズ、柚子、柿……。乾燥卵白で作ると、洋梨や柿のように風味がややぼんやりしているフルーツの個性も表現できます。カシスのメレンゲにはフリーズドライのカシスをのせたり、柿のメレンゲには煎茶をふったり。形や大きさ、デコレーションの工夫で、メレンゲはこんなに表情豊かになります。

和のクッキー

「クッキーで日本らしい表現を」が出発点。抹茶、柚子、和三盆、きな粉などの和の材料は、持ち味をシンプルに引き出して素材感を主張。干菓子の詰め合わせのような端正な美しさを意識し、梅の花や松葉といった形や、洋菓子にはない色合いでも「和」を表現しました。誰にも喜ばれる親しみやすい味です。

黒糖ほうじ茶サブレ
抹茶サブレ

ほんのり香ばしいほうじ茶の生地には黒糖を、
ほろ苦い抹茶の生地には和三盆を使用。口の中でさーっとほどける。

☞ **p68**

実山椒サブレ
柚子サブレ

上品な甘みの和三盆の生地に、一方には鮮烈な辛みの実山椒を、
もう一方には爽やかな香りの柚子皮を練り込んで。

☞ **p70**

小豆とうぐいす豆と松の実の
ざくざくクッキー

やさしい甘みの豆類のほくほく感、独特の香りの松の実と
周りにまぶしたニブシュガー、あられのざくざく感が楽しいクッキー。

☞ **p72**

ゴマのほろほろクッキー

ゴマそのものをぎゅっと固めたような、香り豊かなクッキー。
ほろりとほどける食感とスッと消える後味が魅力。

☞ **p74**

柚子ジャムをのせた
白けしのクッキー

柚子ジャムを絞ったやわらかいクッキーは、けしの実と柚子の皮入り。
香ばしいけしが柚子の爽やかさを引き立てる。

☞ **p76**

紫いもとリンゴの
市松クッキー

紫いものほくほくした生地と、セミドライのリンゴを加えた
甘酸っぱい生地を市松模様に重ねて。秋らしい色合い。

☞ p78

きな粉のクッキー

落雁のような意匠、口どけ、余韻を意識し、
きな粉の素朴な食感や香りをシンプルに引き出した薄焼きクッキー。

☞ p80

抹茶ときな粉の
二層クッキー

きな粉の生地に抹茶生地を薄くぬった、和の味わいの二層クッキー。
緑色にふさわしい松葉、竹などの形が目にも楽しい。

☞ p82

イチゴときな粉の
二層クッキー

きな粉の生地にぬり重ねた赤い生地は、イチゴ風味。
梅の花や鯛などの形に抜けば、おめでたい雰囲気もひとしお。

☞ p83

木イチゴまぶしクッキー

二層クッキーの二番生地にチョコチップやココナッツをプラス。
木イチゴパウダーの甘酸っぱさと不規則な食感が印象的。

☞ p88

黒糖ほうじ茶サブレ
抹茶サブレ

p18「砂のようにほどけるメープルクッキー」を和のテイストで表現しました。黒糖とほうじ茶の組み合わせは「うかい亭」のデザートのほうじ茶アイスから。黒糖だけだと甘みが、ほうじ茶だけでは渋みが目立ちますが、組み合わせることでほどよいバランスに。抹茶のほうは、点てたばかりの濃茶のイメージで色も苦みもしっかり効かせています。

黒糖ほうじ茶サブレ

◉ 材 料 ［45個分］

〈クッキー生地〉
バター…200g
黒糖(粉末タイプ)…76g
フルール・ド・セル(ミルで挽く)…1g
卵黄…25g
薄力粉…100g
コーンスターチ…60g
ほうじ茶パウダー…10g

黒糖ほうじ茶デコール(→p125)…50g

抹茶サブレ

◉ 材 料 ［45個分］

〈クッキー生地〉
バター…200g
和三盆…78g
フルール・ド・セル(ミルで挽く)…1g
卵黄…25g
薄力粉…95g
コーンスターチ…70g
抹茶パウダー…5g

抹茶デコール(→p125)…50g

◉ 作り方

どちらのクッキーも p19「砂のようにほどけるメープルクッキー」と同じ手順で作る。

1) やわらかくしたバターに黒糖(抹茶サブレの場合は和三盆)とフルール・ド・セルを加え、なめらかなクリーム状になるまでへらで練る。
2) ほぐした卵黄を加え、混ぜる。合わせてふるった薄力粉、コーンスターチ、ほうじ茶パウダー(抹茶サブレの場合は抹茶パウダー)を加え、なめらかになるまでしっかり練る。
3) 3.8cm角のプティフール型に生地を絞り入れ、表面をすり切る。上火160℃・下火150℃のオーブンで約24分焼く。粗熱がとれたら、黒糖ほうじ茶デコール(または抹茶デコール)を茶漉しでふり、完全に冷めたらクッキーを取り出す。

実山椒サブレ
柚子サブレ

日本のスパイスや柑橘は、以前からクッキーに使ってみたかった素材です。実山椒のサブレに使った高知産の乾燥の青実山椒は辛みが鮮烈で、グリーンも鮮やか。また、柚子は生の皮をすりおろして加えることで、爽やかな香りを引き立てます。どちらもほろっとした食感の中に、素材の風味をスッと表現しました。

実山椒サブレ

⊙ 材 料　［50個分］

〈クッキー生地〉
バター…200g
和三盆…75g
フルール・ド・セル(ミルで挽く)…2.5g
青実山椒(乾燥・ミルで挽く)…3g
卵黄…25g
薄力粉…105g
コーンスターチ…70g

青実山椒(乾燥)…少量

＊実山椒は高知産の青い山椒を乾燥させたもので、鮮烈な香りと辛みが特徴。

柚子サブレ

⊙ 材 料　［50個分］

〈クッキー生地〉
バター…200g
和三盆…75g
フルール・ド・セル(ミルで挽く)…2.5g
柚子の皮(すりおろす)＊…中4個分
卵黄…25g
薄力粉…105g
コーンスターチ…85g

＊柚子の皮は、生の柚子の表皮をおろし金ですりおろして使う。

⊙ 作り方

どちらのクッキーもp19「砂のようにほどけるメープルクッキー」と同じ手順で作る。

1) やわらかくしたバターに和三盆とフルール・ド・セル、青実山椒(柚子サブレの場合は柚子の皮のすりおろし)を加え、なめらかなクリーム状になるまでへらで練る。

2) ほぐした卵黄を加え、混ぜる。合わせてふるった薄力粉、コーンスターチを加え、なめらかになるまでしっかり練る。

3) 口径4cmのタルトレット型に生地を絞り、表面をすり切る。上火160℃・下火150℃のオーブンで約24分焼く。実山椒をふり(柚子サブレは何もふらない)、完全に冷めたらクッキーを取り出す。

小豆とうぐいす豆と松の実のざくざくクッキー

p20「皮付きアーモンドのごろごろ入ったクッキー」のアーモンドを、小豆とうぐいす豆、独特の香りと味わいの松の実に置き換えました。サクサクしたシンプルな生地と、ごろっと入った甘い豆や松の実のほくほく感、周りにまぶしたぶぶあられとニブシュガーのざくざく感という、いろいろな食感が楽しいクッキーです。豆せんべいを思い起こさせる、どこか懐かしい味わいもこのクッキーの魅力。

⦿ 材料 ［80個分］

〈クッキー生地〉
薄力粉…150g
バター…90g
粉糖…60g
塩…0.5g
全卵*…30g
バニラエッセンス*…少量
松の実…23g
あずき*（甘煮）…20g
うぐいす豆*（甘煮）…20g

ニブシュガー…100g
ぶぶあられ…30g

*バニラエッセンスは全卵と一緒にといておく。
*あずきとうぐいす豆は、甘く煮たものを使う。

⦿ 作り方

角切りのバターは冷凍庫で、薄力粉、全卵は冷蔵庫で冷やしておく。
p21「皮付きアーモンドのごろごろ入ったクッキー」と同じ手順で作る。
1）薄力粉とバターをフードプロセッサー（カッター）で粉砕し、サラサラの状態にする。ミキサーに移し、粉糖と塩を加えて混ぜる。といた全卵とバニラエッセンスを少しずつ加え、さらに混ぜる。
2）松の実を加え、全体に行き渡ったらあずきとうぐいす豆を少しずつ加え、できるだけ形が崩れないよう混ぜる。＊生地を取り出して広げ、豆を散らして生地を折りたたむようにしてもよい。
3）切り口が3×4cm、長さ40cmの長方体に成形し、冷蔵庫で一晩休ませる。2面に卵白（分量外）を薄くぬり、混ぜ合わせたニブシュガーとぶぶあられをまぶしつけ、1cm幅に切る。140℃のオーブンで約30分焼く。

ゴマのほろほろクッキー

イメージは、たっぷりとゴマをまぶした2色のごまだんご。生地にも周りにまぶしたゴマにも和三盆をぜいたくに使い、和の雰囲気を表現しました。コクはあるのに、スッと消える上品なあと味がこのクッキーの魅力。卵やベーキングパウダーを使わずに作るため、多くの人に楽しんでもらえるお菓子です。

材料 ［160個分］

〈クッキー生地〉
バター…130g
和三盆…40g
黒ゴマ…105g
薄力粉…200g

黒ゴマデコール（→p125）…300g

＊黒ゴマは160℃のオーブンで10分ほど焼いて香りを立たせ、冷ましてから使う。

作り方

1 やわらかくしたバターに和三盆を加え、白くふんわりとなるまで泡立て器で混ぜる。
＊生地に空気を入れることでほろっとした食感に仕上がる。ハンドミキサーで混ぜてもよい。

2 黒ゴマを加えて混ぜる。
＊先にゴマとバターを合わせることで、生地全体にゴマを行き渡らせる。ゴマはつぶれても構わない。

3 ふるった薄力粉を2回に分けて加え、へらで底からさっくりと合わせる。
＊生地の空気がつぶれると固くなるので、混ぜすぎない。

4 生地の完成。厚さ1.5cmほどにのばし、ビニールなどで密閉して冷蔵庫で一晩休ませる。

5 生地を軽く室温にもどしてから幅1.5cmに切る。1本ずつ手で転がして丸い棒状にする。冷蔵庫で冷やす。
＊生地が割れやすいので転がす時はやさしく。

6 包丁で1.5cm幅に切る。生地が崩れたら手でまとめなおす。

7 150℃のオーブンで約25分焼く。
＊ゴマの香ばしさとバターのミルキーさの両方を生かすため、焼き色がつきすぎないように。

8 クッキーが人肌程度に冷めたら黒ゴマデコールをたっぷりまぶす。

9 ザルにあけ、余分な黒ゴマデコールをふるい落とす。
＊落とした黒ゴマデコールは一度ふるい、混じったクッキー生地を除いてから次に使用する。

バリエーション

アトリエうかいでは、材料の黒ゴマを白ゴマに置き換えたバージョンも作り、左ページのように白黒組み合わせて販売している。p38の「ヨーグルトとイチゴのほろほろクッキー」も基本的に作り方は同じ。

柚子ジャムをのせた 白けしのクッキー

和のお菓子に欠かせない果物といえば柚子。すがすがしい香りと酸味の柚子ジャムを、やさしい口あたりの生地に絞りました。生地にはケシの実と柚子の皮を加えてプチプチした食感と香り、ほろ苦さをプラス。ケシの香りが柚子ジャムを引き立てます。

◉ 材 料 ［100個分］

〈クッキー生地〉
バター…150g
柚子シュガー…80g
フルール・ド・セル（ミルで挽く）…1g
卵白…55g
生クリーム…55g
薄力粉…200g
コーンスターチ…125g
アーモンドパウダー…40g
重曹…3.5g
ベーキングパウダー…3g
白ケシの実…40g

柚子ジャム（→p120）…300g
粉糖（デコレーション用）…適量

◉ 作り方

p41「パッションジャムをのせたチョコレートクッキー」と同じ手順で作る。

1) バター、柚子シュガー、フルール・ド・セルを白っぽくふんわりするまでビーターで混ぜる。
2) よく混ぜた卵白と生クリームを2〜3回に分けて加え、生地がつながるまでしっかり混ぜる。
3) 合わせてふるった薄力粉、コーンスターチ、アーモンドパウダー、重曹、ベーキングパウダーを加え、粉気がなくまるまで混ぜる。白ケシの実を加えて全体に行き渡らせる。
4) 8切・4番の丸口金をつけた絞り袋に *3* を詰め、直径4cmに絞る。中央を押してへこませる。140℃のオーブンで約22分焼く。
5) 柚子ジャムを軽く煮詰め、絞りやすい濃度にする。
6) クッキーの粗熱がとれたら粉糖を茶漉しでふり、くぼみに *5* のジャムをたっぷり絞る。

◉ 柚子シュガーの作り方

柚子2個の皮を削り、粉糖300gと混ぜる。皮を削ったあとの実にも粉糖をまぶし、10分ほどおいて香りを移す。実の周りの粉糖をこそげ落とし、粉糖に混ぜる。オーブンの上など乾燥した場所に半日ほどおき、フードプロセッサーで粉末状にする（分量は作りやすい量）。

紫いもとリンゴの市松クッキー

秋らしい色合いを意識し、紫いもとリンゴで市松模様のクッキーを作りました。紫いもの生地にはペーストを、リンゴの生地にはセミドライのリンゴをきざんで加え、ほくほく感や甘酸っぱさなどそれぞれの持ち味を表現。形を長方形にしたことで、大人っぽい印象になりました。春は抹茶と桜を市松模様になど、季節感のある組み合わせを考えるのもこのクッキーの楽しさです。

⊙ 材料 ［120個分］

〈紫いもクッキー生地〉
バター…110g
粉糖…45g
色粉(青、紫)＊…各小さじ1
フルール・ド・セル(ミルで挽く)…2g
卵黄…22g
紫いもペースト…55g
薄力粉…137g
紫いもパウダー…12g

〈リンゴクッキー生地〉
バター…100g
粉糖…40g
フルール・ド・セル(ミルで挽く)…1g
卵黄…20g
濃縮リンゴジュース＊…20g
濃縮リンゴペースト＊…30g
薄力粉…125g
コーンスターチ…35g
セミドライリンゴ…35g

＊色粉は粉糖と混ぜておく。青の色粉は「インディゴブルー」、紫は「バイオレット」を使用(いずれもセバロメ社)。
＊濃縮リンゴジュースは100%リンゴジュースを1/3量まで煮詰めたもの。
＊濃縮リンゴペーストはナリヅカコーポレーション「Jupeアップル」を使用。なければ代わりに濃縮リンゴジュース20gとカルバドス10gを加える。

⊙ 作り方

どちらも生地はp24「花型のウィーン風クッキー」と同じ手順で作る。

1) 紫いもクッキーの生地。バター、粉糖と色粉、フルール・ド・セルを白っぽくふんわりするまで混ぜる。卵黄、紫いもペーストを順に加えて混ぜ、合わせてふるった薄力粉と紫いもパウダーを加え、しっかり練る。15分ほど室温に放置してから冷蔵庫で一晩休ませる。

2) リンゴクッキーの生地。バター、粉糖、フルール・ド・セルを白っぽくふんわりするまで混ぜる。卵黄、濃縮リンゴジュース、濃縮リンゴペーストを順に混ぜていく。合わせてふるった薄力粉とコーンスターチを加えてしっかり練り、最後に粗みじん切りにしたセミドライリンゴを加え、ざっと混ぜる。15分ほど室温に放置してから冷蔵庫で一晩休ませる。

3) 1と2の生地を厚さ6mmにのばし、ごく薄く卵白(分量外)をぬって重ね、密着させる。冷蔵庫で冷やし固める。

4) 幅15mmに切り分け、2本1組にして市松模様になるように生地を重ね、卵白(分量外)をぬって密着させる。厚さ9mmに切り分けて天板に並べ、150℃のオーブンで約20分焼く。

きな粉のクッキー

和菓子の落雁のような意匠、口どけ、余韻を念頭に、口の中でさらりとほどける食感、きな粉らしいほろほろ感を追求していったら、誰にも食べやすいクッキーができました。和の味わいを目でも楽しんでもらうため、鯛、亀、松葉、ひょうたんなど、おめでたい型で生地を抜いています。

⊙ 材　料　[250個分]

〈クッキー生地〉
バター…250g
きび砂糖…65g
グラニュー糖…65g
フルール・ド・セル(ミルで挽く)…1.5g
全卵…35g
薄力粉…300g
きな粉…80g
重曹…7g
ベーキングパウダー…3g

きな粉デコール(→p125)…300g

⊙ 作り方

1. やわらかくしたバターをビーターでほぐす。きび砂糖、グラニュー糖、フルール・ド・セルを加え、白っぽくふんわりするまで混ぜる。＊きび砂糖はきな粉と相性がよく、生地にコクが出る。

2. 全卵をほぐし、2回に分けて少しずつ加え、よく混ぜる。

3. この段階でバターと卵の水分をしっかりつなげる。

4. 薄力粉、きな粉、重曹とベーキングパウダーを合わせてからふるう。3に一度に加え、粉気がなくなるまでよく混ぜる。
＊重曹とベーキングパウダーを併用することで独特のしっとり、さっくり感を出す。

5. 生地をまとめて密閉し、冷蔵庫で一晩休ませる。
＊この時点の生地を食べると、きな粉の風味がしっかり出ている。これをそのまま焼き上げるイメージ。

6. 生地を軽く室温にもどし、打ち粉(分量外)をして麺棒で厚さ2mmにのばし、冷蔵庫で休ませる。好みの型で抜き、天板に並べる。

7. 140℃のオーブンで15～16分焼く。
＊きな粉の風味を生かすため、焼き色がついて香ばしさが出ないように注意する。

8. クッキーが人肌程度に冷めたらきな粉デコールをまぶし、ザルにあけて余分をふるい落とす。

抹茶ときな粉の二層クッキー

p80「きな粉のクッキー」の生地に、抹茶の生地をぬって2層に焼き上げた薄焼きクッキーです。抹茶の緑色にふさわしいおめでたい形(亀、松葉、竹、ひょうたん)で、この薄さならではのはかなさ、2種類の生地のコントラストを繊細に表現しました。

イチゴときな粉の二層クッキー

こちらは「きな粉のクッキー」の生地にイチゴ風味の生地をぬって2層に焼き上げました。形は梅の花、小づち、千鳥、鯛の4種類。イチゴの赤い色で、おめでたい雰囲気もひとしおです。きな粉のクッキーと紅白で組み合わせるのがおすすめ。

抹茶ときな粉の二層クッキー

抹茶の生地には抹茶エキスとパウダーを使用。
白ケシの実の香ばしさとプチプチ感が効いています。

◉ 材料 ［200個分］

〈シガレット生地〉(以下で作り、270g使用)
バター…80g
グラニュー糖*…40g
トレハロース*…40g
アーモンドパウダー…26g
卵白…106g
抹茶エキス…2g
白ケシの実…26g
抹茶パウダー…8g
米粉…73g
コーンスターチ…72g
色粉(緑)…1/2杯(1/10スプーン)
色粉(黄)…1/2杯(1/10スプーン)

きな粉のクッキー生地(→p81)…260g

＊グラニュー糖とトレハロースを混ぜ合わせておく。
＊色粉の緑は「ピスタチオグリーン」、黄は「レモンイエロー」
(いずれもサバトン社)を使用。
＊抹茶エキスはドーバー社「トックブランシュ 抹茶」を使用。

グラニュー糖とトレハロースを併用するのは、甘みを控えることで抹茶の風味を引き立てるため。生地が固くなるのを和らげる効果もある。

◉ 作り方

1
きな粉のクッキー生地を厚さ2mmにのばし、冷蔵庫で冷やしておく。

2
抹茶のシガレット生地を作る。やわらかくしたバターにグラニュー糖とトレハロースを加え、白っぽくなるまで混ぜる。アーモンドパウダーを加える。

3
卵白をほぐし、少しずつ加えてていねいに混ぜる。

＊卵白は室温にもどしておく。半分加えたところでビーターやボウルについた生地をきれいにはらう。

4
水分(卵白)が多いので、分離した状態になる。写真くらいであればOK。

5

抹茶エキス、白ケシの実を順に加え、そのつどよく混ぜる。
＊ケシの実は食感と香りのアクセント。粉類を加える前に混ぜて全体に行き渡らせる。

6

合わせてふるった抹茶パウダー、米粉、コーンスターチを一度に加え、ていねいに混ぜる。写真のようにつながってくる。
＊米粉によっておせんべいのようなパリンとした食感、香ばしさが出る。

7

6の生地を少し取り出し、2色の色粉を加えてよく混ぜる。
＊色粉がダマにならないよう、先に生地の一部と合わせておく。

8

7を残りの生地に加え、なめらかになるまでへらで混ぜる。

9

1のきな粉の生地に8を270gのせ、パレットで厚さ1mmほどに薄くのばす。抹茶の生地が固まるまで、冷蔵庫で冷やす。

10

打ち粉をした型で抜く。
＊抜いたクッキーの大きさは3cmほど。

11

写真のようにきれいな2層に抜くこと。そのためには、しっかり生地を冷やし固めておくことがポイント。

12

天板に並べ、140℃のオーブンで約20分焼く。2つの生地の風味を生かすため、焼き過ぎないようにする。

二番生地の活用法

型で抜いたあとの2層生地は、そのまま混ぜ直して二番生地として活用する。写真上は、抹茶ときな粉、イチゴときな粉の2層生地にそれぞれ少量のコーンスターチを加えて混ぜ、薄くのばして型で抜き、140℃のオーブンで20分ほど焼いたもの。焼く前にクリスタルシュガーや白と黒のケシの実をふって、ざらめせんべいのような食感に。写真下は抹茶ときな粉の二番生地にニブシュガーと少量のコーンスターチ、ほんの少しの色粉(黄・緑)を加えて混ぜ直し、花型に絞って140℃のオーブンで同様に焼いたもの。2種類の生地が混ざった不規則な食感も楽しい。

イチゴときな粉の二層クッキー

フランボワーズのエキスを少し加えることで、
ナチュラルなイチゴフレーバーに仕上がります。

◉ 材 料 ［200個分］

〈シガレット生地〉(以下で作り、270g使用)
バター…80g
グラニュー糖…40g
トレハロース…40g
アーモンドパウダー…50g
卵白…96g
イチゴエキス*…5.5g
フランボワーズエキス*…1g
米粉…80g
コーンスターチ…112g
重曹…0.5g
色粉(赤)…3/5杯(1/10スプーン)

きな粉のクッキー生地(→p81)…260g

*イチゴエキスは「トックブランシュ フレーズ」、フランボワーズエキスは「トックブランシュ フランボワーズ」(ともにドーバー社)を使用。

◉ 作り方

1) きな粉のクッキー生地を厚さ2mmにのばし、冷蔵庫で冷やしておく。
2) イチゴのシガレット生地をp84「抹茶ときな粉の二層クッキー」と同じ手順で作る。バター、グラニュー糖、トレハロースを白っぽくなるまで混ぜる。アーモンドパウダーを加えて混ぜ、卵白、イチゴとフランボワーズのエキスを順に加えてよく混ぜる。
3) 合わせてふるった米粉、コーンスターチ、重曹を加え、ていねいに混ぜる。一部を取り出して色粉を加えてよく混ぜ、生地にもどして色が均一になり、なめらかになるまでへらで混ぜる。
4) 1に3を270gのせ、厚さ1mmほどにパレットでのばす。生地が固まるまで冷蔵庫で冷やす。
5) 千鳥、梅の花、小づち、鯛の型で抜く。
*抜いたクッキーの大きさは3cmほど。抜いたあとの生地の活用法はp85へ。
6) 天板に並べ、140℃のオーブンで約20分焼く。

column

型のはなし

　アトリエうかいには、オリジナルで作った型や絞り口金を使うクッキーがあります。たとえば花型のウィーン風クッキー（p23）の形は、女性が目で楽しめ、レストランの食事のあとでもつい手を伸ばしたくなるようなものを、と考えたもの。花の抜き型を検討した際、既成の桜の型は自分の中で和のイメージが強かったこともあり、花びらを1枚増やして6枚に。四つ葉のクローバーではありませんが、6枚の花びらの桜はラッキーだと聞いたこともあったので、そんな遊び心も加えてみました。

　また、和のクッキーで紹介したきな粉のクッキー（p80）や抹茶ときな粉の二層クッキー（p82）なども、オリジナルの型で抜き出しています。松竹梅に千鳥、鯛、亀、小づち、ひょうたん……いずれも縁起のよいおめでたい形を、愛らしく食べやすいひと口サイズに。イメージしたのは、落雁などの干菓子です。きれいな色、季節感のある形、詰め合わせた時の美しさ。ここには、贈り物をする際に「相手の幸を願う」といった日本人らしい心遣いが凝縮されています。アトリエうかいのクッキーも、贈る方にそんなふうに思っていただき、手にした方が笑顔になっていただけたら。そんな思いを込めてこの型を作りました。これらのクッキーは色や形でハレが表現できるので、系列の和食店でのお祝いや結納などおめでたい席にも欠かせない存在です。

木イチゴまぶしクッキー

二層クッキーを型抜きしたあとの二番生地を活用して、オリジナルのクッキーを作りました。木イチゴと相性のよいホワイトチョコレートとココナッツを加えて、酸味の中にまろやかさをプラス。2つの生地から生まれる不規則なサクサク感と、たっぷりまぶした木イチゴパウダーの爽やかさが特徴です。

● 材 料 ［100個分］

〈クッキー生地〉
イチゴときな粉の二層クッキーの二番生地(→p86)…250g
イチゴエキス*…4g
フランボワーズエキス*…1.5g
ホワイトチョコチップ…20g
ココナッツファイン*…20g
粉糖…25g
コーンスターチ…12g
ベーキングパウダー…1g

木イチゴデコール(→p124)…200g

*イチゴエキスは「トックブランシュ フレーズ」、フランボワーズエキスは「トックブランシュ フランボワーズ」(ともにドーバー社)を使用。
*ココナッツファインはオーブンで軽くローストしてサクサクにしておく。

● 作り方

1) イチゴときな粉の二層クッキーの二番生地にイチゴとフランボワーズのエキスを加え、ビーターで混ぜる。*きな粉の生地の割合が多いので、エキスを加えて香りと色を補強する。

2) 細かくきざんだホワイトチョコチップとココナッツファインを加え、混ざったらふるった粉糖、コーンスターチ、ベーキングパウダーを加えてていねいに混ぜる。

3) 6切・6番の星口金で3cmほどの星型に絞る。冷蔵庫で生地を30分ほど休ませてから140℃のオーブンで約20分焼く。冷めたら木イチゴデコールをまぶし、ザルにあけて余分な粉をふるい落とす。

塩味のクッキー

チーズやスパイス、野菜を使ったオリジナルのクッキーは、お酒に合うおつまみを意識したもの。お菓子のテクニックの中に、スパイスは煎って香りを出してから加える、野菜をピュレにして使うなど、料理のエッセンスを取り入れることで、ほかにない、存在感のあるラインアップが誕生しました。

塩味のある
チーズクッキー

チーズらしいコクと香りのエダムチーズをふんだんに使ったサブレ。
スパイスを効かせた、サクサクおつまみクッキー。

☞ p94

スパイシーカレーサブレ
香ばしいタマネギとサラワクペッパーのサブレ

インパクトのあるカレーとオニオンペッパーのサブレ。
スパイスやタマネギをじっくり炒めるひと手間が味のポイント。

☞ p96

黒ゴマ七味・山椒の
チーズサブレ

黒ゴマ七味と青実山椒をミルで挽いて香りを引き出し、
チーズベースの生地へ。ピリッと辛みが効いた大人味のサブレ。

☞ p100

山葵のチーズサブレ

粉ワサビとすりおろしたワサビを使った、自然な辛みのサブレ。
ワサビの爽やかな余韻が口の中にじんわり広がる。

☞ p101

ベーコンポテトのサブレ

カリカリに炒めたベーコンとほくほくのマッシュポテトで作る
スナック感覚のサブレ。ザクザクした食感があとを引く。

☞ p102

にんじんクラッカー
枝豆クラッカー

にんじんや枝豆のピュレで作る、シンプルなクラッカー。
野菜の自然な味わいと色合い、サクッと軽やかな食感が特徴。

👉 p104

トマトのメレンゲ

たっぷりのトマトソースと乾燥卵白で作る軽いメレンゲ。
トマトの酸味、ソースの複雑な旨みをストレートに味わう。

👉 p107

のり塩メレンゲ

見た目も味も、まさにのり塩。口に入れたとたん、なじみ深い味が広がる。
隠し味は燻製醤油。ビールにぴったりのメレンゲ。

👉 p110

オリーブのロールパイ

アンチョビーとオリーブのペーストをパイ生地で巻いて焼くだけの、
サクサクおつまみ。生地さえあれば手軽に作れる点も魅力。

👉 p112

ゴボウ糖衣がけ
アーモンド

皮付ゴボウのすりおろしを加えたキャラメルを
アーモンドにまとわせて。黒ゴマ七味と山椒がほんのりアクセントに。

👉 p114

トリュフのクラッカー
トリュフとマッシュポテトのサブレ

クラッカーやベーコンポテトのサブレをトリュフ風味にアレンジ。
フレッシュトリュフを使った、特別な時のためのクッキー。

👉 p116

塩味のあるチーズクッキー

焼くことで香りや香ばしさが増すエダムチーズを、たっぷり使いました。
コショウとカイエンヌペッパーを効かせたメリハリのある味とサクッと軽やかな食感はつい手が伸びます。
ビールはもちろん、食後酒にもよく合うクッキーです。

◉ 材料 ［150枚分］

〈クッキー生地〉
バター…125g
粉糖…95g
フルール・ド・セル（ミルで挽く）…2.5g
白コショウ…0.5g
カイエンヌペッパー…少量
全卵…50g
牛乳…25g
アーモンドパウダー…63g
エダムチーズ（粉末）…160g
薄力粉…110g

◉ 作り方

1　冷やしたエダムチーズと薄力粉をフードプロセッサー（カッター）で細かく粉砕する。
＊チーズの脂が出るとダマになりやすく、クッキーが固くなるので、チーズはあらかじめ粉と合わせておく。

2　別にやわらかくしたバターに粉糖、フルール・ド・セル、白コショウ、カイエンヌペッパーを加え、白っぽくふんわりするまでビーターで混ぜる。

3　全卵を半分加えて混ぜる。
＊卵黄ではなく全卵を使うのは、サクッと歯切れのよいクッキーにするため。

4　牛乳を半量加え、混ぜる。全体がなじんだら残りの全卵、牛乳を順に加えてさらに混ぜる。

5　いったん生地をまとめてから、アーモンドパウダーを一度に加える。生地がつながるまでしっかり混ぜる。

6　1のチーズと粉を一度に加え、全体に行き渡るまで混ぜる。
＊生地の水分が多いので、分離しやすい。5でしっかり生地をつなげておくこと。

7　でき上がった生地は、チーズが入っているためモロモロとしている。

8　16mm幅の平口金をつけた絞り袋に7を入れ、長さ5.5cmに絞る。120℃のオーブンで約30分焼く。＊バターとチーズの香りを生かすため、焼きすぎに注意。

スパイシーカレーサブレ
香ばしいタマネギとサラワクペッパーのサブレ

p94「塩味のあるチーズクッキー」から派生した、カレー風味とオニオンペッパー風味のサブレです。カレーのほうは独自に組み合わせたスパイスをしっかり効かせて、ガツンとした辛さを意識。オニオンペッパーはじっくり引き出したタマネギの甘みと爽やかなコショウのコントラストがポイント。どちらもスパイシーで、ビールによく合います。

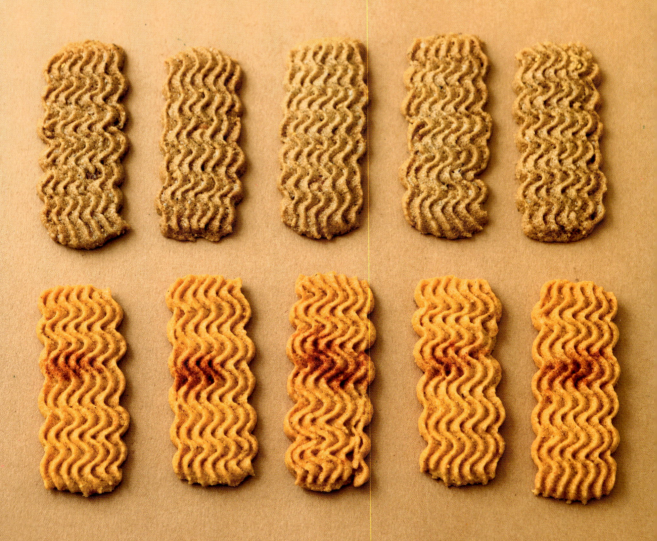

スパイシーカレーサブレ

スパイスを炒め、香りをしっかり引き出すひと手間がポイントです。

カレーサブレに使うスパイスは好みで調整を。カレー粉(ハウス特製カレー粉)とトウガラシやパプリカが入ったレッドミックススパイスをベースに、2種類のホールスパイス(クミンシード、コリアンダー)を加え、オリジナルの香りに仕上げている。

◉ 材料［120枚分］

〈クッキー生地〉
バター…100g
粉糖…75g
全卵…40g
牛乳…20g
カレー粉…9g
レッドスパイスミックス*…9g
クミンシード…3g
コリアンダー(ホール)…3g
アーモンドパウダー…50g
エダムチーズ(粉末)…125g
薄力粉…90g

レッドスパイスミックス*…適量

*ル・ジャルダン・デ・エピス社(フランス)のミックススパイスを使用。

◉ 作り方

1 クミンシードとコリアンダーを弱～中火にかけ、フライパンをゆすりながらじっくり香りを引き出す。バットに広げて冷ます。
＊苦みが出てくるので色づけない。

2 1をミルで粉末にし、カレー粉、レッドスパイスミックスと一緒に混ぜる。
＊ミルで粉砕することでスパイスの香りをさらに立たせる。

3 エダムチーズと薄力粉をフードプロセッサー(カッター)で細かく粉砕する。

4 やわらかくしたバターに粉糖を加え、白っぽくふんわりするまでビーターで混ぜる。全卵を2回に分けて加え、ていねいに混ぜる。

5 牛乳を2回に分けて加え、さらに混ぜる。
＊水分が入ると分離しやすくなるので、よく混ぜる。

6 2のスパイスを加え、混ぜる。
＊スパイスは粉の前に加えるのがポイント。

7
スパイスがバター全体に行き渡るまでよく混ぜる。

8
アーモンドパウダー、3を順に加え、粉気がなくなるまでていねいに混ぜる。

9
16mm幅の平口金をつけた絞り袋に生地を入れ、長さ5.5cmの波型に絞る。30分ほど冷蔵庫で休ませる。

10
レッドスパイスミックスを軽くふり、120℃のオーブンで約30分焼く。
＊バターとスパイスの香りを生かすため、焼きすぎに注意。

香ばしいタマネギと
サラワクペッパーのサブレ

あめ色タマネギのイメージで、
オニオンチップをじっくり炒めます。

爽やかな香りとピリッと強い辛みが特徴のサラワクペッパーはマレーシア産。なければ、好みのコショウでOK。

◉ 作り方

1) フライパンに油を引かずに乾燥オニオンチップを入れ、弱〜中火でじっくり炒める。全体があめ色になり、甘い香りが出てきたら紙に広げて冷ます。
＊あめ色タマネギの要領で、焦がさないようにゆっくり炒める。

2) 1をミルで挽き、サラサラの粉末にする。サラワクペッパーもミルにかけて粉末にし、タマネギと混ぜ合わせる。

3) p97「スパイシーカレーサブレ」3〜8の要領で生地を作る。2のタマネギとサラワクペッパーのパウダーは、アーモンドパウダーを入れる前に加え、全体に混ぜる。

4) 16mm幅の平口金をつけた絞り袋に3を入れ、長さ5.5cmの波型に絞る。30分ほど冷蔵庫で休ませる。

5) 120℃のオーブンで約30分焼く。

◉ 材 料 ［120枚分］

〈クッキー生地〉
バター…100g
粉糖…75g
フルール・ド・セル(ミルで挽く)…0.5g
全卵…40g
牛乳…20g
乾燥オニオンチップ＊…27g
サラワクペッパー…3g
アーモンドパウダー…50g
エダムチーズ(粉末)…126g
薄力粉…90g

＊乾燥オニオンチップはノンフライのものを使用。

column

サレの味作り

　サレ(salé 塩味)のクッキーの出発点は、レストラン「うかい亭」のお客さま。「食後酒に合うクッキーはないか」と聞かれ、塩味のクッキーはどうだろう？と作りはじめました。そのため、お酒が欲しくなるようなインパクトのある味付けを意識。私自身もお酒が好きなので、自分が食べたいと思うものを楽しみながら作っています。

　ここでも、うかい亭の厨房で働いた経験が生きています。たとえば、にんじんクラッカー(p104)のにんじんのピュレにオレンジとリンゴのジュースを加えるのは、うかい亭でにんじんのドレッシングに2種類のジュースを入れていて、よく合うと感じていたから。ベーコンポテトのサブレ(p102)に使うカリカリベーコンは厨房に常備されていて自由に試すことができましたし、スパイスの香りの引き出し方や組み合わせるコツなどもずいぶん学びました。こうした料理的な発想を取り入れることで、それまでチーズやカレー風味に限られがちだった塩味のクッキーの表現がぐっと広がり、アトリエうかいならではのラインアップが誕生しました。食後酒はもちろん、ビールやシャンパンなどのお酒とも相性がよく、ホームパーティーでの手みやげやフィンガーフードにもおすすめです。今後、もっとバリエーションを増やしていきたいジャンルです。

黒ゴマ七味・山椒のチーズサブレ

p95「塩味のあるチーズサブレ」のアレンジで、黒ゴマを効かせた七味トウガラシと
実山椒を加え、ピリリと大人味に仕上げました。

◉ 材料 ［120枚分］

〈クッキー生地〉
バター…100g
粉糖…75g
フルール・ド・セル（ミルで挽く）
　…1.5g
黒ゴマ七味…6g
青実山椒*…0.5g
全卵…40g
牛乳…20g
アーモンドパウダー…50g
エダムチーズ（粉末）…125g
薄力粉…90g

黒ゴマ七味*…適量

*黒ゴマ七味は七味トウガラシにゴマが入ったもの。好みの割合で、自分でブレンドしてもよい。
*青実山椒は高知産の生の山椒を乾燥させたもので、鮮烈な香りと辛みが特徴。

◉ 作り方

1) 黒ゴマ七味と青実山椒を一緒にミルで挽き、粉末にする。
2) p97「スパイシーカレーサブレ」3〜8を参照してクッキー生地を作る。1の黒ゴマ七味と青実山椒は、粉糖と同じタイミングで加える。
3) 16mm幅の平口金をつけた絞り袋に2を入れ、長さ5.5cmに絞る。両端にミルで挽いた黒ゴマ七味を軽くふる。30分ほど冷蔵庫で休ませる。
4) 120℃のオーブンで約30分焼く。

山葵のチーズサブレ

ストレートに感じるワサビの風味は、粉ワサビとすりおろした生ワサビの合わせ技。
かくし味の醤油が効いています。

◉ 材 料 ［140個分］

〈クッキー生地〉
バター…100g
粉糖…75g
粉ワサビ…18g
すりおろしワサビ*…43g
全卵…40g
牛乳…20g
醤油…4g
アーモンドパウダー…85g
エダムチーズ（粉末）…90g
薄力粉…90g

＊すりおろしワサビは国産の冷凍品を使用。解凍しておく。
チューブのワサビを使ってもよい。

◉ 作り方

1） 粉ワサビは粉糖と、すりおろしワサビは全卵と混ぜ合わせておく。
＊粉ワサビはストレートに風味が出るが、味が単調になりがち。生ワサビのすりおろしと組み合わせて使うことで、食べたあとに爽やかな余韻が残る。

2） p97「スパイシーカレーサブレ」3〜8を参照してクッキー生地を作る。醤油は牛乳と同じタイミングで加える。

3） 口径10mmの丸口金をつけた絞り袋に2を入れ、三角形を作るように丸く3カ所絞る。30分ほど冷蔵庫で休ませる。

4） 120℃のオーブンで約30分焼く。

ベーコンポテトのサブレ

ベーコンとポテトの組み合わせは、みんな大好きな味。
カリカリに炒めたベーコンとほくほくのマッシュポテトを使って作る、ぜいたくなクッキーです。
かくし味に加えたハチミツの甘さを、塩気が引き立てます。

◉ 材　料 ［240個分］

〈クッキー生地〉
バター…100g
粉糖…50g
スモークソルト（ミルで挽く）…2.5g
コショウ（ミルで挽く）…1.5g
ハチミツ…25g
卵黄…16g
マッシュポテト…175g
皮付きベーコン…150g
アーモンドパウダー…68g
エダムチーズ（粉末）…60g
薄力粉…60g
コーンスターチ…9g
ベーキングパウダー…3g

燻香がついたスモークソルトとコショウはそれぞれミルで挽いておく。

マッシュポテトは室温にもどしてなめらかに混ぜておく。

◉ 作り方

1 カリカリベーコンを作る。皮付きベーコンを細かくきざみ、強火で炒める。脂が出てきたら弱火にし、じっくり炒める。
＊自家製カリカリベーコンがこのクッキーのおいしさのポイント。

2 カリカリになったらキッチンペーパーに広げ、余分な脂をきる。冷めたらフードカッターでさらに細かくする。
＊多めに作り、冷凍保存してもよい。

3 エダムチーズ、薄力粉、コーンスターチ、ベーキングパウダーをフードプロセッサー（カッター）で細かく粉砕する。

4 別にやわらかくしたバターに粉糖、スモークソルト、コショウを加え、混ぜ合わせる。ハチミツを加え、白っぽくふんわりするまでビーターで混ぜる。

5 卵黄を加えてしっかりつながるまで混ぜ、マッシュポテトを加えてよく混ぜる。

6 2のベーコンを加え、全体に行き渡るまで混ぜる。

7 アーモンドパウダーと3を順に加え、そのつど混ぜる。
＊生地はやわらかい。モロッとして見えるのはジャガイモの繊維。

8 6切・4番の星口金をつけた絞り袋に入れ、直径2cmに絞る。冷蔵庫で30分休ませたら130℃のオーブンで約20分焼く。

にんじんクラッカー
枝豆クラッカー

野菜で作る、素材の自然な味わいと色味を生かした素朴なクラッカーです。
サクッと軽やかな歯ごたえと心地よい塩味が特徴で、手軽に作れるのでパーティなどにもぴったり。
焼きたての温かい状態を食べるのもおいしいです。

にんじんクラッカー

ニンジンのピュレにひと工夫。
香味オイルがニンジンを引き立てます。

◉ 材料　[110枚分]

〈クラッカー生地〉
薄力粉…250g
ベーキングパウダー…7g
重曹…5g
粉糖…23g
フルール・ド・セル(ミルで挽く)…6g
太白ゴマ油…92g
ニンジンのピュレ
| ニンジンのピュレ*…130g
| リンゴジュース…20g
| オレンジジュース…20g
| グラニュー糖…26g

香味オイル
| EVオリーブ油…125cc
| ニンジン、セロリ…各1/4本
| 白粒コショウ…大さじ1
| コリアンダー(ホール)…適量
白コショウ…適量

＊ニンジンのピュレは生のニンジンをミキサーにかけ、ピュレ状にしたもの。

◉ 作り方

1. 香味オイルを作る。香味オイルの材料を弱火にかけ、40℃になったら火を止め、一晩以上おいて油に香りを移す。

2. 鍋にニンジンのピュレ、リンゴジュース、オレンジジュース、グラニュー糖を入れて中火にかける。

3. 130gになるまで煮詰め、冷やしておく。
＊もとのニンジンのピュレの量まで水分をとばし、煮詰めるイメージ。

4. 薄力粉、ベーキングパウダー、重曹を合わせてふるい、粉糖、フルール・ド・セルとボウルに入れて泡立て器で混ぜる。太白ゴマ油を加える。

5. ゴマ油が全体に行き渡ったら、3のピュレを加えてカードで切り混ぜる。

6. 生地を台に取り出し、半分に切っては重ねて手でつぶし……と繰り返してまとめる。
＊やわらかい生地だが、打ち粉はしないでまとめていく。

7. 生地を厚さ3〜4mmにのばす。2cm角と3.5cm角の2種類の大きさに切り分ける。冷蔵庫で30分ほど休ませる。
＊厚さや大きさは好みで調整を。

8. 表面全体に香味オイルを薄くぬる。白コショウをごく軽くふり、100℃のオーブンで約1時間焼く。＊コショウによってニンジンの甘みが引き立つ。

枝豆クラッカー

枝豆ペーストで作るので簡単。
アクセントにきざんだ枝豆を加えてもおいしいです。

◉ 材 料 ［110枚分］

薄力粉…250g
ベーキングパウダー…7g
重曹…5g
粉糖…20g
フルール・ド・セル（ミルで挽く）…6g
太白ゴマ油…75g
枝豆（ずんだ）ペースト…130g

ずんだの要領でゆでた枝豆をつぶすか、フードプロセッサーにかけてペーストを作ってもよい。

1 薄力粉、ベーキングパウダー、重曹を合わせてふるい、粉糖、フルール・ド・セルとともにフードプロセッサー（カッター）に入れる。太白ゴマ油を加えて回し、粉とゴマ油をなじませる。

2 枝豆ペーストを加え、全体に行き渡るまで回す。回りづらければ、取り出してへらで混ぜる。

3 生地を台に取り出し、手のひらでつぶしては半分に切って重ね、またつぶし……と繰り返す。粉気がなくなるまで行なう。

4 生地を厚さ3〜4mmにのばす。
＊オーブンシートではさむのは、打ち粉をすることで生地が粉っぽくなるのを防ぐため。

5 1.6cm角と3.5cm角の2種類の大きさに切り分ける。冷蔵庫で30分ほど休ませる。
＊厚さや大きさは好みで調整を。

6 100℃のオーブンで約1時間焼く。
＊枝豆の自然な色を生かしたいので、焼き色がつかないよう低めの温度で焼く。

バリエーション

野菜でクッキーを作るなら、このクラッカーがおすすめ。どの野菜が向いているかの見きわめは「ポタージュにできるかどうか」。ニンジンと枝豆以外にも、ホウレン草、カボチャ、サツマイモ、ジャガイモなどのイモ類、ゴボウ、新タマネギ、マッシュルーム、豆類などはクラッカーに向いている。

トマトのメレンゲ

トマトピューレにバルサミコ酢やガーリックパウダー、ミックスハーブを
加えて煮詰めた、南仏風のトマトソースが味のベース。
ひと手間かけた完成度の高い味わいは、シャンパンや白ワインにもよく合います。
トマトフレークやパセリ、チェダーチーズのトッピングが味と色合いのアクセント。

◉ 材料 [220個分]

〈メレンゲ生地〉
トマトピューレ(3倍濃縮)…150g
トレハロース*…100g
フルール・ド・セル(ミルで挽く)*…0.5g
バルサミコ酢…1g
ミックスハーブ(ミルで挽く)*…1g
ガーリックパウダー…1g
乾燥卵白*…23g
グラニュー糖*…10g

〈トマト&パセリのトッピング〉
トマトフレーク、乾燥パセリ…各適量

〈パセリ&チーズのトッピング〉
チェダーチーズ(粉末)、乾燥パセリ…各適量

ミックスハーブはタイム、セージ、ローズマリーなどの爽やかな香りが特徴。ミルで細かく挽いてから使う。

*トレハロースとフルール・ド・セルをよく混ぜ合わせておく。
*ミックスハーブはル・ジャルダン・デ・エピス社「プロヴァンスハーブミックス」を使用。ほかのエルブ・ド・プロヴァンスで代用可能。
*乾燥卵白とグラニュー糖は混ぜ合わせておく。

◉ 作り方

1 鍋にトマトピューレの半量、トレハロースとフルール・ド・セルを入れ、よく混ぜてから火にかける。

2 バルサミコ酢、ミックスハーブとガーリックパウダーを加え、バルサミコ酢の酸をとばしつつ、軽く煮詰める。

3 ミックスハーブの風味がなじみ、少しとろみがついたら火を止める。

4 氷水にあててソースを充分に冷まし、残りのトマトピューレを加えて混ぜる。
*トマトピューレの半量をあとから加えることで、トマトのフレッシュ感をプラスする。

5 乾燥卵白とグラニュー糖を加え、スティックミキサーで完全になめらかになるまで混ぜる。
＊乾燥卵白がダマにならないよう、よく混ぜる。

6 ミキサーボウルに移し、しっかり泡立てる。

7 6切・6番の星口金をつけた絞り袋に入れ、直径2cmに絞る。

8 トマト＆パセリのトッピング。乾燥パセリをふり、トマトフレークを手でつぶしながらふりかける。
＊トマトフレークを生地に練り込んでもおいしい。

9 パセリ＆チーズのトッピング。乾燥パセリをふり、チェダーチーズを茶漉しでふりかける。
＊塩気とクセのあるチェダーチーズが味のアクセントに。

10 80℃のオーブンで2時間、60℃に下げて一晩乾燥焼きにする。乾燥剤を入れた密閉容器で保存し、湿気を防ぐ。
＊家庭用オーブンの温度はp12参照。

バリエーション

たとえば、生地に黒ゴマ七味や山椒を加えたり、絞ったメレンゲ生地にクルミやゴルゴンゾーラのパウダーをふるなど、スパイスやトッピング次第で塩味メレンゲのバリエーションは広がる。また、下記の椎茸メレンゲのように、ベースのピュレを作ることで生の野菜やキノコもメレンゲにできる。

◉ 椎茸メレンゲの作り方

1) 生シイタケをスライスしてオーブンで軽く焼いたもの50gと水100gをスティックミキサーにかけてピュレにする。

2) フルール・ド・セル2g、トレハロース50gを加えて火にかけ、トレハロースをしっかり溶かす。

3) 粗熱がとれたら、それぞれミルで挽いたかつお節2g、昆布2g、干しシイタケ10gを加え、燻製醤油2gと乾燥卵白45gも加えてスティックミキサーでなめらかにし、ミキサーでしっかり泡立てる。

4) 丸く絞って生シイタケのスライスをのせ、干しシイタケのパウダーをふって80℃で2時間、60℃で一晩乾燥焼きにする。

のり塩メレンゲ

ポテトチップでおなじみの"のり塩味"をメレンゲで表現しました。
青のりとかくし味に加えた燻製醤油の香りがあとを引き、つまむ手が止まりません。
文句なしにビールに合う、スナック感覚のメレンゲです。

材料 ［200個分］

〈メレンゲ生地〉
水…75g
トレハロースA…25g
フルール・ド・セル（ミルで挽く）…1g
燻製醤油…1g
青のり…4g
トレハロースB*…25g
乾燥卵白*…22g

のり塩パウダー（→p125）…60g

＊トレハロースBと乾燥卵白をよく混ぜ合わせておく。

作り方

1. 鍋に水、トレハロースA、フルール・ド・セルを入れて熱し、トレハロースを完全に溶かす。

2. 氷水にあてて充分に冷まし、燻製醤油を加えて混ぜ合わせる。

3. 氷水をはずし、青のりを加えてよく混ぜる。

4. トレハロースBと乾燥卵白を加え、スティックミキサーでなめらかになるまでよく混ぜる。
＊乾燥卵白がダマにならないよう、よく混ぜる。

5. ミキサーボウルに移し、高速でしっかり泡立てる。
＊青のりの繊維で泡立てるとモコモコになる。

6. 口径14mmの丸口金をつけた絞り袋に入れ、直径2cmに絞る。

7. のり塩パウダーを6にふる。80℃のオーブンで2時間、60℃に下げて一晩乾燥焼きにする。
＊塩気があるので、かけすぎに注意。家庭用オーブンの温度はp12参照。

8. のり塩メレンゲの中はきめが細かく、青のりがたっぷり。乾燥剤とともに密閉容器に入れ、保存する。

オリーブのロールパイ

パイ生地があればさっと作れる、お手軽なおつまみパイ。オリーブ以外にも、
オニオンフレークとビーフジャーキー、トマトソースとプロヴァンスハーブ、ゴマとフルール・ド・セル、
オリーブとドライフルーツとクルミにハチミツなど、さまざまな味の組み合わせを考えるのも楽しいです。

⊙ 材　料　[40枚分]

パイ生地(→p55)…125g
タプナード
　アンチョビー(フィレ)*…10g
　オリーブ(塩水漬け)*…100g
　白コショウ…少量
EVオリーブ油…適量
ミックスハーブ*…適量
全卵(裏漉しする)…適量

＊アンチョビーは氷水に30分ほどさらして塩抜きをする。
＊オリーブは水気を軽くきっておく。
＊ミックスハーブはル・ジャルダン・デ・エピス社「プロヴァンスハーブミックス」を使用。ほかのエルブ・ド・プロヴァンスで代用可能。

⊙ 作り方

1)　パイ生地を16×40cm、厚さ1.5mmにのばす。冷蔵庫で休ませる。
2)　タプナードを作る。アンチョビーを軽くフードプロセッサーにかけ、オリーブを加えて粗みじん切りにする。白コショウを加える。
＊ペーストにするより、粗みじん切りのほうが食感や香りがよい。
3)　1を横長に置き、手前2〜3cmを指で押して生地を薄くする。そこに全卵を薄くぬり、卵をぬっていない部分にEVオリーブ油をまんべんなくぬる。
4)　EVオリーブ油をぬったところにタプナードをぬり広げ、ミックスハーブを全体にふる。向こうから手前に巻いて綴じ目をていねいに合わせる。
＊きつく巻くと焼く間に破裂するので注意。
5)　切りやすいように一度冷凍し、半解凍の状態で表面に全卵をぬり、1cm幅に切り分ける。
6)　断面を上にして天板に並べ、中央を少し押して直径3cmに広げる。平らに焼き上がるように上からベーキングシートをかぶせ、180℃のオーブンで15分ほど焼く。いったん取り出してベーキングシートの上から天板で軽く押して平らにし、再度オーブンに入れて15分ほど焼く。
＊このあと80℃のオーブンに約2時間入れ、タプナードの水分を抜くと、保存性が高まる。

ゴボウ糖衣がけ
アーモンド

アトリエうかいのクッキーの詰め合わせに欠かせない、アーモンドのお菓子。
フワッと香るゴボウとキャラメルの香ばしさ、アーモンドのカリカリ感はつい手が伸びます。
ほんのり効かせた七味と山椒の辛みは、きんぴらごぼうのイメージ。
ショウガを加えてもおいしそう。

◉ 材　料

皮付きアーモンド…200g
グラニュー糖…100g
フルール・ド・セル（ミルで挽く）…1.5g
黒ゴマ七味*（ミルで挽く）…0.5g
青実山椒*（ミルで挽く）…0.5g
皮付きゴボウ…20g
水…27g

＊黒ゴマ七味は七味トウガラシにゴマが入ったもの。好みの割合で、自分でブレンドしてもよい。
＊青実山椒は高知産の生の山椒を乾燥させたもので、鮮烈な香りと辛みが特徴。

◉ 作り方

1
皮付きアーモンドは150℃のオーブンで約8分ローストする。
＊糖衣がけの時にも火を入れるので、皮が薄く色づきはじめるくらいで取り出す。

2
グラニュー糖、塩、黒ゴマ七味、青実山椒を混ぜ合わせておく。

3
ゴボウは皮付きのまま水洗いし、目の細かいおろし金ですりおろす。
＊ゴボウの繊維がダマになりやすいので、できるだけ細かくおろす。

4
銅鍋に水、2、3を入れて混ぜながら火にかけ、煮詰める。

5
温度が116℃になったら火を止め、1のアーモンドを入れて全体にからめる。

6
混ぜ続けると、アーモンドにからまったキャラメルがシャリッと糖化してくる。

7
弱～中火にかけ、鍋についた砂糖を溶かしてからめつつ、アーモンドに火を入れる。
＊ゴボウの風味が消えるので、キャラメルを焦がさないように。

8
オーブンシートに広げ、熱いうちにアーモンドを1粒ずつばらしてから冷ます。

トリュフのクラッカー
トリュフとマッシュポテトのサブレ

系列のレストランでは、冬になるとトリュフをふんだんに使用した特別メニューを提供しています。そこに着想を得て作ったのが、この2種類のクッキー。クラッカーは、トリュフの持つ土のイメージから全粒粉を加えて厚みのある味わいに。マッシュポテトのサブレは、トリュフを混ぜ込んだジャガイモのピュレを念頭に作りました。余韻のある豊かな香りは、フレッシュのトリュフならでは。レストランのアミューズにもおすすめです。

トリュフのクラッカー

フレッシュトリュフとトリュフオイルをふんだんに使った
香り豊かなクラッカー。サクッと軽い歯ざわりに仕立てました。

◎ 材料［80枚分］

〈クラッカー生地〉
薄力粉…200g
薄力粉(全粒粉)…30g
粉糖…12g
トリュフ塩(市販)…5g
ベーキングパウダー…8g
重曹…5g
トリュフオイル(市販)…58g
ジュ・ド・トリュフ(市販)…30g
マデラ酒…23g
トリュフ(粗くきざむ)…62g

トリュフオイル、トリュフ塩…各適量

◎ 作り方

p106「枝豆のクラッカー」と同じ手順で作る。
1) 薄力粉、全粒粉、粉糖、トリュフ塩、ベーキングパウダー、重曹を混ぜ合わせてからフードプロセッサーに入れ、トリュフオイルを加えて粉砕する。
2) ジュ・ド・トリュフとマデラ酒を混ぜ合わせる。トリュフを加えてスティックミキサーにかけ、トリュフを細かくする。
3) 1をボウルに取り出し、2を加えてカードできざむ。台に取り出して半分に切っては重ねて手でつぶし……と繰り返して生地をまとめる。
＊粉気がなくなればOK。
4) 厚さ3mmほどにのばし、3×4cmに切り分ける。冷蔵庫で30分ほど休ませたら100℃のオーブンで約1時間焼く。
＊のばした生地は冷凍保存可能。
5) 軽く粗熱がとれたらトリュフオイルをさっとぬり、トリュフ塩をふる。

トリュフ入りマッシュポテトのサブレ

相性のよいトリュフとジャガイモの組み合わせで、
さっくりサブレを作りました。

◎ 材料［150個分］

〈クッキー生地〉
バター…100g
トリュフオイル(市販)…40g
粉糖…80g
トリュフ塩(市販)…1g
白コショウ…1g
ハチミツ…24g
卵黄…20g
ジュ・ド・トリュフ(市販)…8g
マッシュポテト…240g
トリュフ(きざむ)…35g
アーモンドパウダー…95g

エダムチーズ(粉末)…82g
薄力粉…80g
コーンスターチ…12g
ベーキングパウダー…3.5g

トリュフオイル…適量

◎ 作り方

p103「ベーコンポテトのサブレ」と同じ手順で作る。
1) エダムチーズ、薄力粉、コーンスターチ、ベーキングパウダーをフードプロセッサーで細かく粉砕する。
2) 別にやわらかくしたバターにトリュフオイル、粉糖、トリュフ塩、白コショウを加え、混ぜ合わせる。ハチミツを加え、白っぽくふんわりするまでビーターで混ぜる。
3) 卵黄とジュ・ド・トリュフを加えてしっかりつながるまで混ぜ、マッシュポテトを加えてよく混ぜる。
4) きざんだトリュフを加え、全体に行き渡らせる。アーモンドパウダーと1を順に加え、そのつど混ぜる。
5) 6切・4番の星口金をつけた絞り袋に入れ、直径2cmに絞る。冷蔵庫で30分休ませてから、130℃のオーブンで約20分焼く。粗熱がとれたらトリュフオイルをぬる。

クッキーの楽しさ広がる

副素材と デコレーション

1　ジャム
2　ジャンドゥージャ
3　デコレーション用パウダー
4　アイシング
5　チョコレートのデコレーション

1 ジャム

ひとぬりするだけで味わいが深まり、見た目も華やかになるジャム類は、クッキー作りを楽しくしてくれるアイテム。クッキーに向くのは酸味や香りがはっきりしたジャムで、ぬったりサンドすることを考慮し、必要があればペクチンとナパージュ・ヌートルを使って一定の保形性がある、適度な濃度に仕上げます。汎用性のある濃度で保存し、使う時に煮詰め直して使いやすい固さに調整するのが基本。多めに作って小分けにして冷凍しておき、必要なぶんだけ解凍して使います(分量は作りやすい量)。

柚子ジャム

柚子のピュレ…400g
グラニュー糖…200g
ナパージュ・ヌートル…200g
ペクチンLM…32g

◉ペクチンをグラニュー糖の一部と混ぜ合わせておく(A)。柚子のピュレ、残りのグラニュー糖、ナパージュ・ヌートルを火にかけ、沸いたらAを加え、混ぜながら煮詰める。
＊p76「柚子ジャムをのせた白けしのクッキー」で使用。

レモンジャム

レモンのピュレ…500g
アプリコットのピュレ…250g
パッションフルーツのピュレ…250g
グラニュー糖…335g
ナパージュ・ヌートル…200g
ペクチンLM…44g

◉ペクチンをグラニュー糖の一部と混ぜておく(A)。レモン、アプリコット、パッションフルーツのピュレ、残りのグラニュー糖、ナパージュ・ヌートルを火にかけ、沸いたらAを加え、混ぜながら煮詰める。
＊p44「貝殻型の紅茶クッキー レモンジャム添え」で使用。

パッションジャム

パッションフルーツのピュレ…500g
グラニュー糖…300g
ナパージュ・ヌートル…160g
ペクチンLM…16g

◉ペクチンをグラニュー糖の一部と混ぜておく(A)。パッションフルーツのピュレ、残りのグラニュー糖、ナパージュ・ヌートルを火にかけ、沸いたらAを加え、混ぜながら煮詰める。
＊p40「パッションジャムをのせたチョコレートクッキー」で使用。

ジャムの濃度は用途によって異なるので、使う時にアルコールなどでのばしたり、煮詰め直したりして調整します。香りのとびやすいリキュールは仕上げに加えること。

クッキーにぬる場合
必要な量を火にかけ、へらで混ぜながらぬりやすい濃度に煮詰める。ぬった時に流れない濃度が目安。

クッキーに絞る場合
必要な量を火にかけ、絞りやすい濃度に煮詰める。冷えた時にやわらかく固まるくらいが目安。

グロゼイユジャム

グロゼイユのピュレ…300g
グラニュー糖…155g
ナパージュ・ヌートル…50g
ペクチンLM…5g
キルシュ…5g

◉ペクチンをグラニュー糖の一部と混ぜ合わせておく（A）。グロゼイユのピュレ、残りのグラニュー糖、ナパージュ・ヌートルを火にかけ、沸いたらAを加え、混ぜながら煮詰める。冷めたらキルシュを加える。

＊アトリエうかいでは、「赤すぐりの花型クッキー」などで使用。

フランボワーズジャム

フランボワーズのピュレ…300g
グラニュー糖…180g
レモン汁…1/3個分
フランボワーズのオー・ド・ヴィ…15g

◉鍋にフランボワーズのピュレ、グラニュー糖、レモン汁を入れ、混ぜながら煮詰める。火を止め、冷めてからオー・ド・ヴィを加える。

＊p23「花型のウィーン風クッキー 木イチゴのジャムサンド」で使用。

フリュイ・ルージュ（赤い果実）のジャム

カシスのピュレ…150g
フランボワーズ、イチゴのピュレ…各75g
グラニュー糖…200g
アプリコットのナパージュ…400g
ローリエ…1/2枚、クローブ…1粒
黒粒コショウ…1 1/2粒
マデラ酒…適量

◉カシス、フランボワーズ、イチゴのピュレ、グラニュー糖、アプリコットのナパージュを火にかけて溶かし、ローリエ、クローブ、黒粒コショウを加え、香りを移す。氷水にあてて冷まし、マデラ酒を加える。

＊p27「シナモンクッキー 赤い実のジャムがけ」で使用。

2 ジャンドゥージャ

生地でサンドしたり、コルネに詰めたり……ジャンドゥージャは、クッキーに欠かせないナッツとチョコレートの香り豊かなペーストです。市販のジャンドゥージャは容量が多く、家庭や小さなお店ではなかなか使い切れませんが、フードプロセッサー（フードカッター）があれば作れるので、少量ずつ自家製するのがおすすめ。ナッツをどこまでキャラメリゼするのか、それをなめらかに挽くのかあえて粒々感を残すのか──好みに応じて作ることで、クッキーに個性が出ます。

アーモンドの
ジャンドゥージャ

ココナッツの
ジャンドゥージャ

クルミの
ジャンドゥージャ

ピスタチオの
ジャンドゥージャ

アーモンドのジャンドゥージャ

グラニュー糖…150g
水…40g
皮付きアーモンド*…220g
ミルクチョコレート
（カカオ46%）…153g
カカオマス…62g
カカオバター…26g

＊アーモンドはバレンシア種とマルコナ種を同量ずつ合わせる。

＊p131「ウィーン風チョコレートクッキー アーモンドのジャンドゥージャ」で使用。

1　グラニュー糖と水を116℃まで煮詰める。火を止めて皮付きアーモンドを加え、混ぜながら糖化させる。

2　中〜強火にかけ、砂糖の結晶が溶けてキャラメル化するまで混ぜる。中まで火を入れるというより、キャラメルの香ばしさをまとわせつつアーモンドの甘みを引き出す感覚で。バットに広げて冷ます。

3　2をフードプロセッサーでペースト状にする。少し粒々が残っていてもOK。そのほうがクッキーには合う。

4　湯煎で溶かしたミルクチョコレート、カカオマス、カカオバターと合わせ、スティックミキサーでなめらかに乳化させる。氷水にあてて急冷し、真空包装にして冷蔵保存する。

ピスタチオのジャンドゥージャ

ピスタチオのペースト…100g
ローストピスタチオのペースト…100g
粉糖…100g
ミルクチョコレート
（カカオ41%）…70g
カカオバター…55g

＊p47「ピスタチオのジャンドゥージャを詰めたコルネ」で使用。

1　ピスタチオとローストピスタチオのペーストをよく混ぜてなめらかにする。粉糖を加えて混ぜる。

2　湯煎で溶かしたミルクチョコレートとカカオバターをまず少し加え、全体に混ざったら残りのチョコレートを加えてなめらかになるまで混ぜる。

3　目の細かいシノワで漉す（必要であれば温め、流動性を持たせてから漉す）。

ココナッツのジャンドゥージャ

グラニュー糖…150g
水…40g
皮付きアーモンド*…95g
ココナッツファイン…110g
ミルクチョコレート
（カカオ46%）…130g
ミルクチョコレート
（カカオ33%）…102g
カカオバター…52g

＊バレンシア種とマルコナ種を同量ずつ合わせる。

●作り方は「アーモンドのジャンドゥージャ」に準じる。1と同様にアーモンドを糖化し、キャラメリゼしたらココナッツファインを加える。ペースト状にし、溶かしたミルクチョコレート、カカオバターと合わせて乳化する。＊p131「ウィーン風ココナッツクッキー ココナッツのジャンドゥージャ」で使用。

クルミのジャンドゥージャ

皮付きクルミ（ロースト）*…225g
グラニュー糖…225g
ミルクチョコレート（カカオ41%）…105g
カカオバター…15g

＊クルミは140℃のオーブンで約15分ローストする。

●作り方は「ピスタチオのジャンドゥージャ」に準じる。ローストしたクルミをグラニュー糖と一緒にフードプロセッサーでペーストにする。溶かしたミルクチョコレートとカカオバターを加えて混ぜる。＊p50「クルミのクッキー クルミのジャンドゥージャサンド」で使用。

3 デコレーション用パウダー

クッキーの周りにまぶすパウダーを集めました。グラニュー糖や粉糖にスパイスやフリーズドライのフルーツなどを混ぜてパウダー状にし、クッキーに印象的な風味をまとわせつつ、色や食感のアクセントを演出します。粉糖を使う場合は、いわゆる"なかない（溶けない）"デコレーション用の粉糖を使用。色がとびやすいので、使うぶんだけ作ります（分量は作りやすい量）。

バニラシュガー

◉グラニュー糖100g、バニラビーンズの種子1/4本分、バニラビーンズの2番8gを混ぜ、バニラのさやも一緒に香りが移るまでねかせる。p36「バニラたっぷりの三日月型クッキー」で使用。

木イチゴデコール

◉粉糖と和三盆各150gとフラシボワーズパウダー（フランボワーズのフリーズドライをパウダー状にしたもの）120gを泡立て器でよく混ぜたもの。p88「木イチゴまぶしクッキー」で使用。

シナモンデコール

◉シナモンパウダー（セイロンシナモン）8gと和三盆200gを泡立て器で混ぜる。シナモン風味のクッキーにまぶすなど、さまざまなクッキーに使う。

イチゴデコール

◉粉糖とイチゴパウダー（イチゴのフリーズドライをパウダー状にしたもの）を5:1で合わせ、泡立て器でよく混ぜたもの。p38「イチゴのほろほろクッキー」で使用。

ヨーグルトデコール

◉粉糖150gとヨーグルトパウダー（スペイン・SOSA社製）30gを合わせ、泡立て器でよく混ぜたもの。p38「ヨーグルトのほろほろクッキー」で使用。

柚子シュガー

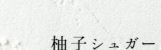

◉柚子2個の皮のすりおろしと粉糖300gを混ぜ、柚子の実にも粉糖をまぶし香りを移す。実の周りの粉糖を落とし、粉糖に混ぜる。温かい場所に半日おき、フードプロセッサーで粉砕する。p76「柚子ジャムをのせた白けしのクッキー」で使用。

きな粉デコール

⦿ きな粉65g、粉糖と和三盆各125gを、泡立て器でよく混ぜ合わせたもの。p80「きな粉のクッキー」で使用。

白ゴマデコール

⦿ 白ゴマ、和三盆、粉糖を同量ずつ混ぜ合わせ、ミルで細かく粉砕する。p74「ゴマのほろほろクッキー」で使用。

黒ゴマデコール

⦿「白ゴマデコール」と同様に黒ゴマ、和三盆、粉糖を同量ずつ合わせ、ミルで細かく粉砕する。p74「ゴマのほろほろクッキー」で使用。

抹茶デコール

⦿ 和三盆、粉糖各100gと抹茶パウダー50gを泡立て器でよく混ぜ合わせたもの。p68「抹茶サブレ」で使用。

山椒デコール

⦿ 高知産の青実山椒をミルで細かく粉砕し、粉糖に少量加えて泡立て器でよく混ぜ合わせる。p70「実山椒サブレ」にまぶしてもよい。

黒糖ほうじ茶デコール

⦿ 粉末タイプの黒糖50gとほうじ茶パウダー2gを泡立て器でよく混ぜ合わせたもの。p68「黒糖ほうじ茶サブレ」で使用。

のり塩パウダー

⦿ 青のり50gとフルール・ド・セル10gを合わせ、ミルで細かく粉砕する。p110「のり塩メレンゲ」で使用。

4 アイシング

グラス・ア・ロでアイシング（糖衣がけ）したクッキーには、なんともいえない魅力があります。やさしい色とツヤ、カシャッという独特の歯ざわり、ほっとやさしい甘さ……。子どもの頃に好きだった、焼きたてにジャムやハチミツをぬったクッキーを思い出す、懐かしい味です。クッキーにジャムをぬり、グラスをかけるのは味を重ねていく作業。生地、ジャム、グラスをどう組み合わせるか、相乗効果を考えます。とはいえ、家で作るならその時にあるジャムをのせ、グラスをたっぷりつけるだけでも充分ごちそうです。また、アイシングが被膜となってクッキーがくっつかないので重ねられる点もメリットです。

バニラクッキー ＋ カルダモン入りマーマレード ＋ ミントのグラス・ア・ロ ＝ ミントとマーマレード風味のバニラクッキー

シナモンクッキー ＋ フリュイ・ルージュのジャム ＋ 赤ワインのグラス・ア・ロ ＝ シナモンクッキー 赤い実のジャムがけ

チョコクッキー ＋ カシスのジャム ＋ 紅茶のグラス・ア・ロ ＝ 紅茶とカシス風味のチョコクッキー

カシスのジャム
＋
赤ワインのグラス・ア・ロ

フリュイ・ルージュのジャム
＋
ミントのグラス・ア・ロ

マーマレード
＋
紅茶のグラス・ア・ロ

組み合わせは自由

たとえば、バニラクッキーに左ページとは違う組み合わせでジャムとグラスをぬってみます。チョコクッキーにマーマレードをぬっても、カシスのジャムにミントのグラスをぬってもOK。チーズのサブレのような塩味のクッキーにマーマレード＋ミントのグラス、という一見意外な組み合わせも、食べてみるとなかなかです。クッキーとジャム、グラス・ア・ロの組み合わせは無限大。どんな味を重ねるのかを考えるのもクッキー作りの楽しみです。

グラス・ア・ロのバリエーション

グラス・ア・ロは水に対して粉糖を混ぜ溶いたもの。この水の一部をレモン汁やコーヒー、紅茶、ワイン、リキュールなどの液体に置き換えたり、粉糖の一部を黒糖など別の砂糖にしたり、さらにハーブやスパイスを加えることで、グラスにさまざまな風味を持たせることができます。

ミントのグラス・ア・ロ

ミントの葉…1.5g
ミントリキュール（ジェット27）…12g
レモン汁…12g
水…36g
全粉糖…120g

1 ボウルに粉糖以外の材料を入れ、スティックミキサーで混ぜる（ミントを粉砕し、香りを出す）。

2 粉糖に1を入れ、へらまたは泡立て器でていねいに混ぜ合わせる。

紅茶のグラス・ア・ロ

水…75g
アールグレイの茶葉…2g
全粉糖…200g

◉お湯を沸かしてアールグレイの茶葉で紅茶を淹れる。冷めたら粉糖を加えてていねいに混ぜ合わせる。

赤ワインのグラス・ア・ロ

赤ワイン…40g
レモン汁…10g
全粉糖…165g

◉赤ワインとレモン汁を混ぜ、粉糖を加えてていねいに混ぜ合わせる。赤ワインはブルゴーニュなど、タンニンが少ない軽めのものを使う。

グラス・ア・ロをぬる

1 ジャムが乾いたらグラス・ア・ロを刷毛にとり、余分を落としてクッキーにぬる。ぬる量は好みだが、「のせる」感覚でたっぷりぬるほうがおいしい。

2 そのままにしておくとジャムに水分移行して味がなじんでしまうので、すぐに100℃のオーブンに3～4分入れて乾かす。

5 チョコレートのデコレーション

焼きっぱなしの素朴なクッキーも魅力ですが、ジャムをぬったり粉糖をふったり、チョコレートで模様を描いたり——こうしたデコレーションのひと手間が、クッキーの味と存在感をグッと高めてくれます。とくにチョコレートはデコレーションに使いやすいうえ、クッキーと相性抜群。生地の味わいに応じてブラック、ミルク、ホワイトとチョコレートを使い分けます。

チョコレートの
デコレーション例

a　クッキーのくぼみにココナッツのジャンドゥージャを詰め、溶かしたミルクチョコレートをパイピング（細く絞って模様を描く）。どちらも乾かないうちにピスタチオとココナッツファインをのせる（→p131）。

b　クルミのクッキー クルミのジャンドゥージャサンド（→p50）。ジャンドゥージャをサンドしたクッキーの表面に、溶かしたブラックチョコレートをパイピング。ナッツのクッキーにはブラックチョコレートの力強い風味がよく合う。

c　イチゴのメレンゲ（→p58）を、テンパリングしたホワイトチョコレートでコーティング。乾かないうちにフリーズドライのイチゴフレークを手で崩しながら散らす。

d　シナモン風味のクッキーに溶かしたホワイトチョコレートをパイピング。乾かないうちにフリーズドライのフランボワーズをくだいて散らす。

e　ヘーゼルナッツと生姜のメレンゲ（→p56）に、溶かしたブラックチョコレートをパイピング。チョコレートがヘーゼルナッツの風味を引き立て、メレンゲがいっそうおいしく。

f　レモン風味のメレンゲの上面に、テンパリングしたホワイトチョコレートをエクレアの要領でコーティング。固まらないうちにグリーンアニスシードを散らす。フルーツの風味とホワイトチョコレートは好相性。

g　ハート型に絞ったイチゴのメレンゲ（→p62）に、溶かしたホワイトチョコレートをパイピング。

h　花型に抜いたイチゴ味のクッキー生地で、グロゼイユのジャムをサンド。半分だけホワイトチョコレートをつけ、乾かないうちにフリーズドライのフランボワーズ、2色のアラザン（ピンクパール／シャンパンゴールド）を散らす。ピンクと白のコントラストもかわいらしい。

ウィーン風バレンタインクッキー 自家製ジャンドゥージャ

バレンタイン向けに自家製のジャンドゥージャを使って2種類のクッキーを作りました。チョコレートの生地にはアーモンドのジャンドゥージャを、ココナッツの生地にはココナッツのジャンドゥージャを組み合わせ、デコレーションも華やかに。コクのあるサクサク生地と濃厚なジャンドゥージャのリッチなクッキーです。

ウィーン風チョコレートクッキー
アーモンドのジャンドゥージャ

◉ 材 料 ［90個分］

チョコレートクッキー生地（→p41）…900g*
アーモンドのジャンドゥージャ（→p123）…650g

粉糖…適量
アーモンドダイス（ロースト）…適量
金箔…適量

＊p40「パッションジャムをのせたチョコレートクッキー」のクッキー生地全量。

◉ 作り方

1) チョコレートクッキー生地を6切・4番の星口金をつけた絞り袋に入れ、直径4cmに丸く絞る。アルミ箔で覆った丸口金で、絞った生地の中央をぐっと押してくぼませる。
2) 140℃のオーブンで約22分焼き、粗熱をとる。
3) 粉糖をまんべんなくふる。アーモンドのジャンドゥージャを湯煎にかけてやわらかくし、くぼみにたっぷり絞る。ジャンドゥージャが固まる前にアーモンドダイスを散らし、金箔をのせる。

ウィーン風ココナッツクッキー
ココナッツのジャンドゥージャ

◉ 材 料 ［90個分］

〈クッキー生地〉
バター…200g
粉糖…100g
フルール・ド・セル（ミルで挽く）…1g
卵白…72g
ココナッツのピュレ…72g
薄力粉…290g
コーンスターチ…200g
アーモンドパウダー…80g
ベーキングパウダー…4g
重曹…4.5g
ココナッツエッセンス（あれば）…4g

ココナッツのジャンドゥージャ（→p123）…650g
ミルクチョコレート…適量
ココナッツファイン…適量
ピスタチオ…適量

◉ 作り方

1) p41「パッションジャムをのせたチョコレートクッキー」の*1*〜*7*と同じ手順で生地を作る（生クリームをココナッツピュレに置き換え、ココアパウダーを入れない）。
2) 6切・4番の星口金をつけた絞り袋に*1*を入れ、直径3.5cmに丸く絞る。アルミ箔で覆った丸口金で、絞った生地の中央をぐっと押してへこませる。
3) 140℃のオーブンで約22分焼き、粗熱をとる。
4) 湯煎でやわらかくしたココナッツのジャンドゥージャをクッキーのくぼみにたっぷり絞り、ミルクチョコレートでパイピングする。固まらないうちにココナッツファインをふり、ピスタチオをのせる。

生地別さくいん

本書で紹介したクッキーは、生地の製法によって大きく以下のように分けることができます。
＊太字は右ページの表に登場するクッキーです。

●やわらかいバターに砂糖を加えていく生地「シュガーバッター法」

砂のようにほどけるメープルクッキー　18
　　黒糖ほうじ茶サブレ／抹茶サブレ　68
　　実山椒サブレ／柚子サブレ　70
花型のウィーン風クッキー 木イチゴのジャムサンド　23
シナモンクッキー 赤い実のジャムがけ　26
香ばしいゴマのガレット　34
パッションジャムをのせたチョコレートクッキー　40
　　貝殻型の紅茶クッキー レモンジャム添え　44
　　柚子ジャムをのせた白けしのクッキー　76
ピスタチオのジャンドゥージャを詰めたコルネ＊　46
クルミのクッキー クルミのジャンドゥージャサンド＊　50
ゴマのほろほろクッキー　74
　　ヨーグルトとイチゴのほろほろクッキー　38
紫いもとリンゴの市松クッキー　78
きな粉のクッキー　80

＊どちらも「シガレット生地」だが、大きくシュガーバッター法に分類できる。

●冷たく固いバターに粉を合わせていく生地「フラワーバッター法」

皮付きアーモンドのごろごろ入ったクッキー　20
　　小豆とうぐいす豆と松の実のざくざくクッキー　72
バニラたっぷりの三日月型クッキー　36
枝豆クラッカー＊　104
　　にんじんクラッカー＊　104
　　トリュフのクラッカー＊　116

＊クラッカーはバターではなく、オイルと粉を合わせていく。

●シュガーバッター法とフラワーバッター法のミックス生地

塩味のあるチーズクッキー　94
　　スパイシーカレーサブレ　96
　　香ばしいタマネギとサラワクペッパーのサブレ　96
　　黒ゴマ七味・山椒のチーズサブレ　100
　　山葵のチーズサブレ　101
　　ベーコンポテトのサブレ　102
　　トリュフとマッシュポテトのサブレ　116

●2種類以上の生地を組み合わせる

ゴマとアーモンドのキャラメルがけクッキー　30
抹茶ときな粉の二層クッキー　82
イチゴときな粉の二層クッキー　83
木イチゴまぶしクッキー　88

●パイ生地

ココナッツ味のねじりパイ　54
オリーブのロールパイ　112

●メレンゲ生地

ヘーゼルナッツと生姜のメレンゲ　56
イチゴのメレンゲ／青リンゴとミントのメレンゲ　58
トマトのメレンゲ　107
のり塩メレンゲ　110

●別立て生地

ブランデー漬けレーズン入りビスコッティ　52

クッキーを分類する

以下は「アトリエうかい」の代表的なクッキー15種類の、配合を軸にした分布図です。バターの量が同じになるよう配合を計算し、「薄力粉」と「卵などの水分(ピュレやペーストも含む)」の多い・少ないを比較しました。厳密には薄力粉以外の粉やナッツの量、卵黄か卵白か、膨張材の有無などが生地の状態・食感に複雑に関係しますが、「ゴマのほろほろクッキーは薄力粉が多く、水分が少ないからほろほろとした食感になり、つなぎの卵が入らないぶん崩れやすい」「クルミのクッキーは粉が少なく、水分が多い生地なので絞って成形する」など、クッキーのおおまかな特徴を客観的に読み取るのがこの分布図の目的です。「食感をしっとりさせるために、粉を減らすのか水分を増やすのか」といった生地の配合の調整や、「分布図の空白部分に入るようなクッキーを作ろう」など新しいクッキーの開発の参考にします。なお、クッキーの下にはそのクッキーの食感を書き添えました。

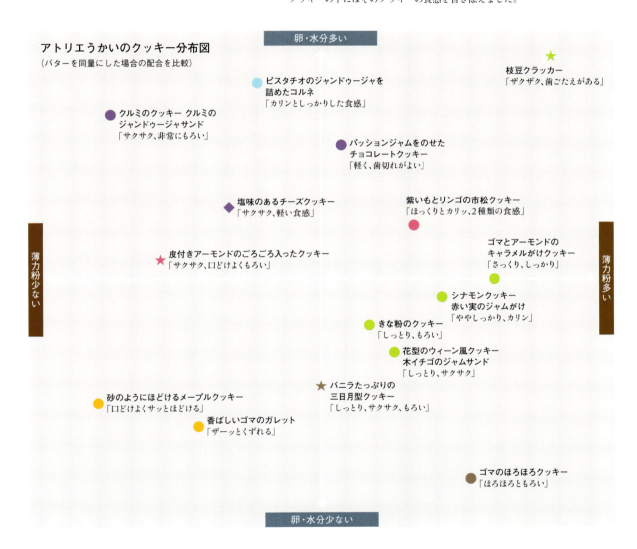

1 製法による分類

クッキー名の頭にあるマークは、製法を示します。
配合比に加え、製法も生地の食感に大きく影響します。

- ● シュガーバター法
  ……一般に、砂糖とバターを混ぜる時に空気を含むのでもろい。
- ★ フラワーバター法
  ……一般に、粉と油脂が先に合わさるのでサクサクする。
- ◆ 上記2つの製法をミックスして作る方法
  ……2つの製法の特性を持つ。サクサク軽い。

2 成形による分類

クッキー名の色は、クッキーの形(成形)を示します。
生地のやわらかさによって形が変わることがわかります。

- ■ 型詰めするクッキー……生地がやわらかく、型に詰めないと保形できない。
- ■ 手で丸めたり、切り分けて成形するクッキー……粉が多く崩れやすいので切り分ける。またはバターが多く溶けやすいので状態に気を配って扱う。
- ■ のばし、型抜きするクッキー……ある程度のびのよい生地で、保形できる。
- ■ アイスボックスクッキー……生地を棒状にまとめて冷やし、切り分ける。
- ■ 絞り出すクッキー……生地の水分が多く、手で扱えないので絞る。
- ■ シャブロンにすり込むクッキー……生地の水分が多いので薄くのばせる。

おわりに

「お客さまにいかに喜んでいただき、楽しんでいただけるか」

　自分自身のものづくりの姿勢として、このことを考え続けてきました。
　そんなことは大前提であり、言うまでもない、と言われるかもしれません。もともと人を喜ばせることが嫌いな人間はいないと思いますが、いつしかそれを見失ったり、忘れたりしてしまうこともあるのではないでしょうか。私自身、「うかい」と出会う前まではどうだっただろう？ と振り返るなかで思い出されるのは、落ち込んでいる時に笑顔でかけられた次の言葉でした。
「誰かを楽しませるには、まず自分が楽しまなくちゃ」
　日々お菓子を作る仕事には、辛いことも少なくないかもしれません。しかし、やはりそこは気持ちひとつだと私は思うのです。「この素材の組み合わせはぴったりだ」とか「あの形にしたらびっくりするだろうな」「今日はおいしそうに焼けたよ」など、なんでもよいので自身が楽しみながら作ること。そのうえで「あの人に食べてもらいたい」などと思えたら、最高かもしれません。私には、頭に思い浮かぶ人の顔が、たくさんたくさんあります。
　お菓子作りの知識や技術は大事ですが、それは「届けたい」という思いを支え、形にするためにあってほしいのです。これらがあるほど、届けようとする思いの強さとも比例して、奥深いお菓子の世界のなかで具現化できることも広がるのではないでしょうか。

　この本が読んだ方の一助となり、クッキーの楽しさや奥深さに触れていただけたら、私は何よりも嬉しいです。お菓子を食べることに加え、作ることの喜びもお伝えすることができたら、と切に願います。

　今回の出版にあたり、1冊の本という形にしていただいた柴田書店の鍋倉由記子さんと、大山裕平さんの写真にはずいぶん勇気づけられました。
　最後に、日々ともにお菓子作りに向き合ってくれるすべてのスタッフ、大きな理解と協力をいただいたうかいのみなさんに心より感謝を述べます。本当にありがとうございました。

2016年5月

鈴木滋夫

鈴木 滋夫

1974年岐阜県生まれ。大阪・あべの辻製菓専門学校を卒業後、フランス研修を経て都内の製菓店に勤務。その後、エコール辻東京の教員を務める。2003年㈱うかいに入社し、2006年に洋食事業部 製菓長に就任。レストラン「うかい亭」のデザートを担当し、次第に食後のプティフールが評判となる。2013年に洋菓子店「アトリエうかい」をスタート。"旬の素材を最もおいしく提供する"というこだわりのもと、季節を楽しめるお菓子作りを日々追求している。現在、アトリエうかいのシェフパティシエとして製菓全般を統括する。

「アトリエうかい」はうかいグループ初の洋菓子店。店内にはクッキーをはじめ、ガラス越しに見える工房で作られたばかりのドゥミセックや、季節感あふれる生菓子が並ぶ。厳選した素材を使用していねいに作られたお菓子には、「うかい亭」から引き継ぐ職人の技と感性が息づいている。エキュート品川、トリエ京王調布にも店舗があり、一部の商品は、うかい亭など系列のレストランやオンラインショップで購入できる。

アトリエうかい たまプラーザ

神奈川県横浜市青葉区新石川2-4-10　モリテックスたまプラーザビル1階
電話／045-507-8686
URL／http://www.ukai.co.jp/atelier/
営業時間／11:00〜19:30
定休日／毎週日曜日、月曜日不定休
オンラインショップ／http://www.ukai-online.com/

アトリエうかいのクッキー

初版印刷	2016年5月15日
2版発行	2019年2月10日
著 者 ⓒ	鈴木滋夫
発行者	丸山兼一
発行所	株式会社 柴田書店
	〒113-8477
	東京都文京区湯島3-26-9 イヤサカビル
	電話　営業部　　03-5816-8282（注文・問合せ）
	書籍編集部　03-5816-8260
	URL　http://www.shibatashoten.co.jp
印刷・製本	凸版印刷株式会社

ⒸSHIGEO SUZUKI
Printed in Japan
ISBN　978-4-388-06233-1

本書収録内容の無断掲載・複写（コピー）・引用・データ配信等の行為は固く禁じます。
落丁、乱丁はお取替えいたします。